本书由宁海县教育局专项资金资助出版

让每一颗星星都闪亮
多向互动作文教学模式研究与实践

Rang Mei Yi Ke XingXing Dou ShanLiang

顾亚莉◎著

> 人与人之间的相互倾听，时时、处处、人人之间的倾听，正在进行着的状态，强调根据所倾听到的内容，进行及时恰当的回应，强调在不可预知的倾听过程中的随机应变。

光明日报出版社

图书在版编目（CIP）数据

多向互动作文教学模式研究与实践 / 顾亚莉著.
--北京：光明日报出版社，2018.11
（让每一颗星星都闪亮）
ISBN 978－7－5194－4752－6

Ⅰ.①多… Ⅱ.①顾… Ⅲ.①作文课—教学研究—
小学 Ⅳ.①G623.242

中国版本图书馆 CIP 数据核字（2018）第 254255 号

多向互动作文教学模式研究与实践
DUOXIANG HUDONG ZUOWEN JIAOXUE MOSHI YANJIU YU SHIJIAN

著　者：顾亚莉

责任编辑：宋　悦　　　　　　　　责任校对：赵鸣鸣
封面设计：中联学林　　　　　　　责任印制：曹　净

出版发行：光明日报出版社
地　　址：北京市西城区永安路 106 号，100050
电　　话：010－63131930（邮购）
传　　真：010－67078227，67078255
网　　址：http://book.gmw.cn
E－mail：songyue@gmw.cn
法律顾问：北京德恒律师事务所龚柳方律师

印　　刷：三河市华东印刷有限公司
装　　订：三河市华东印刷有限公司
本书如有破损、缺页、装订错误，请与本社联系调换，电话：010－67019571

开　　本：170mm×240mm
字　　数：201 千字　　　　　　　　印　张：15
版　　次：2019 年 1 月第 1 版　　　　印　次：2019 年 1 月第 1 次印刷
书　　号：ISBN 978－7－5194－4752－6
定　　价：45.00 元

序
创建学习共同体

　　本人从事语文教学 31 年，其中研究作文教学就有 20 年之久。从 1998 年在《小学教育》杂志发表第一篇论文《提高看图作文课堂效率的探索》至今，一直未曾间断。多向互动作文教学模式研究从课堂教学到跨学科以及向课外、校外延展，借鉴和吸纳了日本佐藤学的学习共同体创建理论，创设了以倾听为基础的多向互动的作文教学模式，把布点、构面、建体的写作方法作为一种思维方式的存在，以思维导图的形式，整合到阅读教学和作文教学之中，取得了非常好的实践效果。

　　日本教育学者佐藤学教授的学习共同体创建理论非常切合多向互动作文的研究方向。当下，我们普遍地对学生缺乏信任，不相信学生的自我管理能力，更不相信学生的自我学习能力。因此我们时时设防，处处小心，极力想办法控制住学生。在学习上，老师代替了学生，满堂讲，满堂灌，学生被动地听、被动地接受，变成了学习的机器，机械记忆，机械做题。而问题是，我们越是极力控制学生，越是容易出现问题，我们越是想霸住课堂，越是霸不住，喋喋不休地讲解带来的是课堂的沉闷和无聊，甚至是学生无声的反抗。

　　什么是学习，学习到底是怎样发生的？佐藤学教授认为学习包含三个对话：与客观事物对话，与他人对话，与自己对话。在学校的课堂里，与教科书对话可以了解世界，与同伴对话可以形成人际交往的关系，与自己对话实际上是在造就自己。有对话的学习才可能实现深度的学习，深度的学习是启发思维的学习，是智慧的学习。每个人的个体学习，是实现不了深度学习的，满堂讲、满堂灌，也实现不了深度学习。只有共同体合作学习，才可能实现这个目标。高质量的深度学习是共同体合作学习，包含三个因素，互相倾听、有挑战性、符合学科本质。佐藤学教授用"交响乐"的学习来形容学习共同体。他说，教师一对一针对学生培养个性，可以称之为定制。但是定制是有限度的，因为我们不可能只面对一个孩子，现在所提倡的共同体学习，就像交响乐，每一个人都能够在乐队中发挥作用，就像我们有不同的乐器，这些乐器汇聚在一起，才能够产生非常好听的声音。这个共同体学习不是找出共性，而是找出不同的个性，形成共同学习以保证每个学生学习的权利。这种学习方式，最重要的是，每一个学生都能够安心地学习，有合作地学习。

合作学习，必须要有互动、有对话，必须要重视倾听。倾听中的课堂，课堂氛围是润泽的，安心、安全、安静；课堂的模式是多向的、互动的，外在的表现是：说者位置的空缺，没有主导，所有的人拥有平等的话语权，随着话题及课堂教学的进程而发生轮流或交替；课堂的实质是共同学习的学习共同体的形成，积极主动倾听。人与人之间的相互倾听，时时、处处、人人之间的倾听，正在进行着的状态，强调根据所倾听到的内容，进行及时恰当的回应，强调在不可预知的倾听过程中的随机应变。

佐藤学教授明确以公共性、民主主义、卓越性三大原理作为学习共同体的教育哲学，以倾听、串联、反刍为教学基本要素，并通过学生作业、合作、分享的学习活动，重建课堂教学规范，以基于课堂事实的课例研究，构建教师们的同僚性，促成以"学习参与"为主的家校关系的重建等，构建起学习共同体的活动系统。学习共同体的合作学习和深度学习，是开创未来课堂教学改革的重要途径之一。

　　学校本应是一个充满阳光与快乐的地方，但我们的努力方向却出现了偏差，使学校变成了一个令人望而生畏、唯恐避之不及的地方。一个冷冰冰的分数就把学生分成了三六九等。当一切围绕着分数转的时候，学校一定不会是学生喜欢和留恋的地方。

　　计划经济时代由于"统得过多""管得过死"制约着经济的发展，当转变为市场经济时带来了空前的繁荣，而计划经济体制下的思想还没有完全革除。我们不能用旧的思想来教育新时代的学生，不能用旧的体制来管控新时代的学生，更不能用旧的模式来固化新时代的学生。问题不是出在学生身上，而是出在我们老师身上。就像上海浦东教育发展研究中心研究员陈静静博士所说的那样："我们认为放开孩子他们会信马由缰，但是那样的情况从未出现过。把课堂翻过来，是到该改变的时候了。该放下就是要学着放下。"

　　多向互动作文教学模式就是创建学习共同体，学会放下，学会把课堂翻过来。

目　录
CONTENTS

第一章

小学多向互动作文教学模式研究

长期以来，我们的作文教学一直以知识为本位，注重师对生的单向交流。把学生作为一个孤立的个性对象来看待，忽视了教师与学生之间、学生与学生之间、学生个性与群体之间的多向交流，忽视了教与学各方之间蕴藏着巨大的学习资源，忽视了教学过程是一个"立体结构"的系统，严重影响了作文教学效率，难以发挥系统整体的写作功能。现代教学论认为，要实现教学过程的整体化功能，就必须要有合理的教学模式。

第一节　问题的提问

一、作文教学的沿革

新中国成立以来，小学语文教学大纲随着社会历史的发展，经过多次讨论、思考、实践、修改、完善，逐步走向科学和规范。

1978 年，由于"文革"刚结束，致使语文教学质量低下，为拨乱反正，正本清源，制订了新中国成立以来的第四个小学语文教学大纲（试行草案），其在作文教学方面的要求是"会写简短的记叙文和常用的应用文，做到思想健康，中心明确，内容具体，条理清楚，语句通顺，书写工整，注意不写错别字，会用常用的标点符号。""初步培养准确、鲜明、生动的文风。"因它与儿童心智水平的客观实际相比要求太高，导致小学作文教学延续了20多年的"高原现象"，使小学生恐惧作文逐渐成为一个突出问题。1992年的《九年义务教育全日制小学语文教学大纲》着眼素质，对作文教学作了重要调整，极大地缓解了1978年开始的作文教学"高原现象"。但许多方面却不能适应日新月异的时代发展需要，其中最突出的问题是忽视学生个性发展，教学模式封闭、僵化，学生学习负担过重。2001年的《全日制义务教育语文课程标准》，以学生发展为本，冲破了传统作文教学的封闭式围墙，发生了巨大的变化。2011年在原课标基础上进行了修订，现以1992年的《语文教学大纲》和2011年修订后的《语文课程标准》中的作文教学要求为例，对比说明如下：

1992年《语文教学大纲》与2011年《语文课程标准》中写作要求对照表

项目	2011年《语文课程标准》	1992年《语文教学大纲》
课程目标	根据知识能力、过程方法、情感态度和价值观三个维度设计	根据语文知识系统，学科本位设计
总目标	能具体明确、文从字顺地表达自己的意思（重在自我表达、发展个性）。 能根据日常生活需要，运用常见的表达方式写作（重在交流信息，传达思想，适应社会需要）。	练习把自己看到的听到的想到的内容或亲身经历的事用恰当的语言文字表达出来。做到观察、思维、表达密切结合。培养学生用词、造句、连句成段、连段成篇的能力和观察事物，分析事物的能力。逐步做到有具体内容、有真情实感、有中心、有条理、有重点，展开想象，注意选词用语，写完后修改。

续表

项目		2011 年《语文课程标准》	1992 年《语文教学大纲》
阶段目标	一至二年级	1. 对写话有兴趣，写自己想说的话，写想象中的事物，写出自己对周围事物的认识和感想。 2. 在写话中乐于运用阅读和生活中学到的词语。 3. 根据表达的需要，学习使用逗号、句号、问号、感叹号。	1. 能用学过的部分词语写完整、通顺的句子。能理顺次序错乱的句子。 2. 学习按一定顺序观察图画和简单事物，写几句意思连贯的话。能写留言条。 3. 学习使用逗号、句号、问号、感叹号。
	三至四年级	4. 留心周围事物，乐于书面表达，增强习作自信心。 5. 能不拘形式地写下见闻、感受和想象，注意表现自己觉得新奇有趣的或印象最深、最受感动的内容。 6. 愿意将自己的习作读给人听，与他人分享习作的快乐。 7. 能用简短的书信便条进行书面交际。 8. 尝试在习作中运用自己平时积累的语言材料，特别是有新鲜感的词句。 9. 根据表达需要，使用冒号、引号。 10. 学习修改习作中有明显错误的词句。 11. 课内习作每学年 16 次左右。	4. 练习用学过的部分词语写句子。 5. 初步能有顺序有重点地观察图画和周围的事物，培养留心观察周围事物的兴趣和习惯。学习写内容真实具体、条理比较清楚的简单记叙文。学习写日记、书信。 6. 学习使用冒号、引号、顿号。 7. 能修改有错误的句子。能理顺段落错乱的短文。
	五至六年级	12. 懂得写作是为了自我表达和与人交流。 13. 养成留心观察周围事物的习惯，有意识地丰富自己的见闻，珍视个人的独特感受，积累习作素材。 14. 能写简单的记实作文和想象作文，内容具体、感情真实。能根据习作内容表达的需要，分段表述。 15. 学写读书笔记和常见应用文。 16. 能根据表达需要，使用常用的标点符号。 17. 修改自己的习作，并主动与他人交换修改，做到语句通顺，行款正确，书写规范、整洁。 18. 课内习作每学年 16 次左右。40分钟能完成不少于 400 字的习作。	8. 能用正确的语句表达自己的思想。 9. 观察事物注意抓特点，并适当展开想象。养成观察周围事物的习惯。 10. 能按要求或自拟题目作文。能根据要求选材，编写作文提纲，写出有中心、有条理、有真情实感的简单记叙文。学习写表扬稿、简单建议书、会议记录和读书笔记。 11. 初步会用句号、问号、感叹号、逗号、冒号、引号、顿号、书名号、省略号、认识分号。 12. 能初步修改自己的作文。

上表中 2011 年《语文课程标准》中的 18 条写话、习作要求与 1992 年的《语文教学大纲》中的 12 条作文要求对比可见,《课标》改变了过去学科教学过于注重知识传授的倾向,重视了知识与能力、过程与方法、情感与态度这三维目标的综合体现。具体如:在知识与能力方面,《课标》不强调种种规矩、技巧,鼓励学生把心中所想、口中要说的话用文字写下来,如在表中的 18 条写作要求中,仅在第 14 条中涉及"分段表述",并且还是在五、六年级才提到。其把重点放在写作实践上,通过多写、多改,在写作实践中提高写作能力,如上表中《课标》的第 11 条、第 18 条习作要求提出了写作次数、字数的量化要求。同时就写作实践方面又提出了一系列能力要求,并采用了一些可操作性的措施,如课内外读写联系,学用结合,让学生在写作实践中学会写作、让学生在自我修改和相互修改中提高写作能力等。在写作能力的培养上,变原来的传授写作规范等陈述性知识为注重以学生为本位,以学生的感受、体验为抓手、发展学生个性、培养创新精神等,其重视"从学生的生活视野和感情经验中取题立意、引发真情实感,以求得写作的个性化和独特性"。在过程与方法方面,《课标》重视了写作过程和方法、知识和能力间的融合,降低了学生写作起始阶段的难度,指出"低年级从写话、习作入手",强调情感、态度方面的因素,把重点放在培养写作兴趣和自信心上。在一至二年级的写话要求中,变原《大纲》中"写完整、通顺的句子"为对写话有兴趣和自信心。重视了过去一直忽视的:让学生在写作的合作交流中共享成功的快乐,注重了学生良好写作习惯的培养,为我们的作文教学改革指引了明确的方向。

二、作文教学的现状

"教育评价是对教育目标实现程度做出的价值判断。"1992 年的《语文教学大纲》延续、完善以往的措施,在教学成绩考查方法中明确规定:"要根据教学大纲的教学目的、要求和教学内容,确定考查范围。""要对知识和能力进行综合考查。""要安排好期末的成绩考查，更要注意对平时学习情况的考察，全面评估学生的学习成绩。要重视对学生学习成绩的分析，以利于改进教学。"很显然，语文教学大纲中的目的、要求是传授写作知识，研究语言形式类的，那么考试的范围也就逃不出这一藩篱。何况考试的结果是衡量教师与学生能力的唯一标准，家长、学校、社会也只认分数。于是"考考考是老师的法宝，分分分是学生的命根"也就不难理解了。《语文教学大纲》忽视了学生情感态度方面的目标，教师在教学中无视学生的生活情感体验，大量灌输遣词造句、布局谋篇等理性知识，进行繁琐、孤立、机械的文字训练。教研课探讨的也是如何将段落、层次、中心、详略、选材等概念道理说清、说透、挖深。其实，这样做是不能提高学生习作能力的。因为从现代心理学的写作能力观看，"写作能力是由陈述性知识（写作的内容知识）、程序性知识（写作技能）和策略性知识构成的学习结果。"其中陈述性知识（写作内容知识）是可以用语言表达传递的。而程序性知识（写作技能）是陈述性知识的运用，是只可意会，无法言传的，它是一种技能技巧（智慧技能、动作技能），就像体育运动、绘画技能、唱歌技巧等，只有通过运用，方可习得。策略性知识（听说读写方法的知识）"是构成个体创新能力的核心"，其镶嵌于实践活动之中，主要通过他人示范，学生观察、模仿和感悟而习得，也不是靠教师说会的。因此，在作文教学中仅注重教师如何分析，或让学生死记硬背写作方法，而忽视学生对程序性知识、策略性知识的掌握，才是造成作文教学高耗低效的关键。特别是策略性知识，它是当今学习化社会中具有特殊重要性的知识。然而让人倍感忧心的是，几年来在教学一线所听的作文课，均普遍地存在着如此违规的问题：

1. 分析型：重导轻练，重形式轻内容。脱离生活情境，以空洞的理性说教替代学生说写练习，又忽视习作素材的积累，学生习作时只好呆望黑板，凭空捏造。

2. 肤浅型：在练习要求的表面徘徊。如看图写话，应引导学生大胆、合理想象的，却就图描图，内容干瘪；该教会学生列习作提纲、分段表述的，却草草带过。

3. 重课内轻课外：即重知识本身的传授，轻社会实践和创新能力的培养，将作文教学与参与生活、观察生活隔离，忽视作文教学的人文性，导致作文教学质量低下。为了得高分，师生们又想出了许多"良方"，逐渐形成：个性发展被忽视，理性分析得重视，假话空话成形式，抄袭拼盘作模式的风气。

随着新一轮课程改革的不断深入，原有的一系列教学体系与新课程要求不适应之类的矛盾日趋突出，尤其是培养具有综合素养与创新能力的尖端人才问题更是严峻地摆在了教育者面前。

因此，针对课程育人的方向，遵循儿童身心发展规律与作文教学本身所固有的特性，以改革作文教学为抓手，以多边多向的方式整合其他教学资源，培养高素质创新型人才的研究不仅有价值，而且有非常重要的现实意义。

三、教学模式的提出

1998 年，从改革作文课堂教学入手，在自己所任教的班级中进行了有关提高课堂作文教学效率方面的探索，构建了《多向互动作文教学模式》课堂作文教学模式，2006 年就有了它的系列研究之二——《多向互动作文训练读写模块》。这一方法深受广大一线教师的青睐，并悄然流传。2011 年系列研究之三——《多向互动作文社会生活模块》诞生。2014 年起，此研究由课内向课外延伸，并将作文教学与学生的学科学习与校园生活有机结合，开展了它的系列研究之四、之五——《多向互动作文教学校园活动模块》《多向互动作文教学跨学科模块》。此模式以体现全员参与，尊重学生个性为宗旨，激励学生自主选择，相互交流，这在加强学生语文实践，增强学生学习动机，培养学习兴趣中起到了重要作用。到 2018 年，多向互动作文教学模式形成了粗放型的系列体系。所有这些实践，都为多向互动作文教学模式研究奠定了基础。

然而，这其中也存在着一些问题。主要表现在大部分研究往往只从作文本身探讨作文教学现象，所作的探索多是只涉及作文教学过程的个别方面，忽视了从整体到部分，从系统到环节的居高临下的观点，因此常常容易陷入片面。既然不能完整地反映整个教学过程，自然就会影响教学效果。特别是阅读、作文、儿童生活这三方面，它们相互联系，互为影响，本应是一个立体交叉的整体，而在实际教学中，无论是所用的教材，还是教学过程，在这三方面均缺乏有机联系，不仅造成知识之间、教学各因素之间互相封闭，重复做无用功，还导致师生负担过重，敷衍了事。如果不从根本上整治，仍旧是头痛治头、脚痛治脚的话，那是很难有大的收获的。另外正值新一轮课程改革之际，由于受到许多"新观点""新方法"的冲击，也促使我们对以往的教学进一步反思。我们不能片面地为追求形式上的新颖，而忽视了继承教学发展中的优良传统；我们也不能孤立地强调某一方面的重要，而以牺牲其它方方面面为代价。更何况作文本来就是学生综合素质的体现。在整个写作过程中，不仅要以阅读和生活中所获的知识、技能为基础，同时，还必须伴随着思维的过程，不允许厚此薄彼。

为了能从根本上完善并改进现有作文教学中的不足，为了促进学生的"个性全面发展"，根据创新人才培养的要求，结合小学生"自我意识的发展尚不成熟，需要更多外部激励"的特点，我们将作文教学、阅读教学与各学科以及学校各项活动优化整合，让家庭、学校、社会相互沟通，让教师、学生与自我互动，开展作文教学系列活动，并把它视为一个越出传统模式的契机，发展学生全面素质的立足点，构建了多向互动作文教学模式，以此解放全体师生，带动学校素质教育网络的整体运转，达到轻负高质，师生共同发展之功效。

几年来，我们立足于教学实践和教育实验，运用教学最优化理论和系统论的观点、方法，对教学的全过程进行了实践探究。多向互动作文教学模式研究无论是其理论、体系、方法都日趋成熟，给予我们进一步研究探索的信心与勇气。

第二节　模式的构想

一、概念界定

互动：所谓互助，按照字面的意思，就是互相作用、互相影响。在新课程改革中，它的意义有了升华和丰富，教学中的互动就是相对独立的生命个体之间在学习过程中互相促进、互相推动。它既是一种人际关系的反映，又是一种实践活动的形式。

多向互动：即"多边活动论"，是指现代教学方法不再局限于传统的单向活动论和双向活动论，而是强调教学是一种多边活动，提倡师生、生生、群体诸动态因素间的多向互动，以利于开展与利用各种人力资源。

二、理论依据

（一）"多向互动"是小学生语言实践活动从"动机走向目的"的心理需要

根据苏联著名心理学家列昂捷夫创立的活动心理学论，所谓活动是指这样的过程：它所指向的东西（对象）始终就是激励主体从事这一项活动的东西（即活动的动机）。活动的对象是活动的真正动机。根据这一理论，小学作文教学就是要把作文训练变成一项真正由动机支配的活动。教师通过创设各种有趣的情境，来激发学生认识、交往或自我实现高层次的表达需要，从而让他们充满情趣地进行作文。

（二）以"多边活动论"作为出发点来设计教学方法是现代教学方法改革的一个新趋势。

现代心理学认为，多向交流较之单向交流和双方交流有着更加显著的效果，能最大限度地发挥相互作用的潜能。因此，以"多边活动论"作为出发点，设计教学方法是现代教学方法改革的新趋势，这为本课题的研究提出了理论依据。当前，新课程改革提出的"合作学习、探究性学习、活动教学"，很大程度上是鉴于传统教学以教师为中心，只重单向交流的弊端而提出的注重学生个体行为，注重平等交往的教学改革，从而为本课题的展开提供了可贵的实践借鉴资料。

（三）充分挖掘和利用教育资源是目前课程改革的一大走向

"生活即语文"的大语文观认为生活中时时、处处、人人都可以成为语文学习的资源。从教学过程中的人力因素看，每一个人，包括教师与每个学生以及与之交往的人，都是语文学习中人力资源的有机组成部分。而教学的目标就是要在综合考虑、合理利用、优化组合这些资源，充分发挥每个学习者的潜能，从而提高学习效率。这已成为当前课程改革的一大走向。

（四）共同体合作学习是实现高质量深度学习的现实需要

合作学习含三个因素，互相倾听、有挑战性、符合学科本质。佐藤学博士用"交响乐"的学习来形容学习共同体。他说，教师一对一针对学生培养个性，可以称之为定制。但是定制是有限度的，因为我们不可能只面对一个孩子，现在所提倡的共同体学习，就像交响乐，每一个人都能够在乐队中发挥作用，就像我们有不同的乐器，这些乐器汇聚在一起，才能够产生非常好听的声音。这个共同体学习不是找出共性，而是找出不同的个性，形成共同学习以保证每个学生学习的权利。这种学习方式，最重要的是，每一个学生都能够安心学习，让学生能够很大胆地说出这个我不懂，小手林立的课堂看似非常热闹，学生争着想发言，

"我想说，我想说"，而不是静下心来说，"我想听，我想听"，就不能实现真正的探究。互动、合作、分享才能真正实现高质量的深度学习。

三、研究内容

作文教学有四个重要方面："有写作动机""有东西可写""能写出来""写出来有用"。其中写作动机是基础，没有写作动机，不想写，就不会积极搜集材料，就不会"有东西可写"，"能写出来"也无从谈起。"能写出来"是关键，没有能力写出来也会影响写作动机的生成。因此，首先要研究作文命题与学生生活相结合，创设情境使作文成为学生进行交流的需要，以此来激发学生的写作动机，提高写作兴趣；其次，研究多向互动搜集写作材料，丰富素材的策略；研究课堂教学过程中通过"头脑风暴"置学生于集体思维碰撞中，使封闭的写作过程变为学生与教师、学生与学生、学生与群体多向互动的交流过程，构建多向互动的课堂教学模式，促进学生作文多方交流，让学生充分体验成功，增强写作信心。

四、研究目标

（一）探索作文教学改革的新路子，构建多向互动作文教学模式，改变学生怕写作文、厌写作文的倾向，使学生乐于表达、敢于交流、善于思考、真正实现"把课程还给学生""把兴趣还给学生""把灵魂还给学生"，培养学生的习作能力。

（二）关注教学过程的演进，让学生通过亲身参与学习交流，去获得积极的情感体验，逐步形成一种勇于表达、乐于交流、努力求知的积极心理倾向，提高主体的语文素养。

（三）培养学生追求创新的意识，发展学生合作探究的精神，学会通过同伴之间积极的相互影响来提高语言学习的有效性，培养学生间合作意识和人际交往能力，培养健全的人格。

（四）积极营造开放、民主、自由的教学氛围，让学生敢于说真话、实话、心里话，鼓励自由表达和有创意地表达，促进学生能力的培养和主体的和谐发展。

五、研究原则

（一）整体性原则

着眼于听、说、读、写的联系和补充，课内外互相渗透、互相促进，从整体上提高学生的作文能力。

（二）实践性原则

作文能力的每一项因素都需要学生通过自身的实践才能逐步形成，在作文教学中，要让学生在教师的引导下亲自经历听、说、交流、写作的各种实践训练，提高作文能力。

（三）互动性原则

在教学中，教师与学生、学生与学生、个体与群体之间有一种以作文教学为中介的相互作用关系，让学生在一个积极向上的集体中相互激发，使每一个人的潜能得到最大程度的发挥。在作文进程中教师应引导学生主动交流与沟通，要用欣赏的目光去发现别人的闪光点，既能积极主动向别人传递信息，同时又善于接纳别人的长处，在传递交流与思考中发现写作的乐趣，体验写作的成功。

（四）协商群体原则

集体动力理论认为：具有不同的智慧水平、思维方式、认知风格的成员可以互补，课堂教学是一种群体行为，合作学习发挥群体优势，资源共享，有利于学生自尊、自重情感的产生，有利于培养学生的群体意识，交往能力和协作精神。

第三节 实践探索

多向互动作文教学模式研究是以学生语言的发展为目标，以培养学生语言表达能力和创新精神为核心的探索性应用性研究。本项研究是以四五年级4个班的学生为实验对象，采用行动研究为基本方法，从构建多向互动作文教学模式和教学策略入手，进行了以下的实践和探索。

一、模式的架构体系

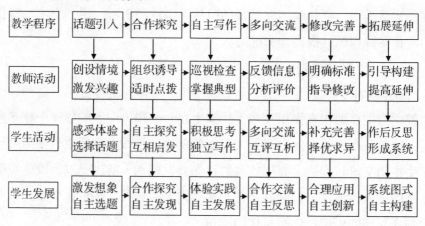

教学程序	话题引入	合作探究	自主写作	多向交流	修改完善	拓展延伸
教师活动	创设情境激发兴趣	组织诱导适时点拨	巡视检查掌握典型	反馈信息分析评价	明确标准指导修改	引导构建提高延伸
学生活动	感受体验选择话题	自主探究互相启发	积极思考独立写作	多向交流互评互析	补充完善择优求异	作后反思形成系统
学生发展	激发想象自主选题	合作探究自主发现	体验实践自主发展	合作交流自主反思	合理应用自主创新	系统图式自主构建

多向互动作文教学模式是以学生为主体，让学生全面参与教学的全过程，教师积极为学生提供自主学习交流的环境，在多向交流互动中最大限度地发挥学生个体优势和群体优势，使每一个人的潜能得到最大程度的发挥。具体操作程序如下：

（一）话题引入

话题的引入是作文教学展开的首要环节，它的作用不仅在于集中学生的注意力，激发学生写作的内驱力，而且还能很快激活与写作话题相关的信息和生活经验，为学生顺利写作奠定基础，这一环节中教师要积极为学生创设最适宜学生主动表达的情境，设计力求"趣""真"，让学生有"不吐不快"之意，充分调动学生写作积极性，引导他们进行观察、思考、想象，使他们有话可说、有话想说，点燃表达的"欲火"。

（二）合作探究

探究是让学生学会独立思考、自主感悟、自主获取知识的一个过程，通过探究活动，学生不但掌握了探索思考的方法，而且还促进了创新思维的培养。这一环节。教师应充当组织者、引导者，尽可能地为学生提供自主探究的空间，鼓励学生积极探索，大胆求异。作文教学要使学生超越自己已有的认识，就要使之看到别人与自己不同的理解，看到自己要写的事物的不同的侧面，然后在别人的影响和启发下，及时调整提高自己。所以必须运用分组的或者全班的教学形式，展开讨论、交流和探究等活动，创造生生合作、师生合作、个体与群体合作的条件和气氛。通过合作学习，摆脱部分学生在作文中感到无话可说的"窘境"，对本次运用的审题、立意、选材等，师生共同商讨、各抒己见、相互交流、集思广益，从而形成纵横交错的立体式的信息网。最大限度地发挥群体学习的优势，达到资源共享。通过这一环节自主探究、合作交流，要让学生发现本次作文话题最佳选择点以及谋篇立意、选材的初步意见，为写作做好准备。

（三）自主写作

写作是由内而外的表达和倾诉，需要有一定的知识和生活上的积蓄，也需要有一定的内驱力去激发和显现，更需要有一定的技能去表述和外显，所以创造宽松而安静的环境让学生积极地思、独立地写，让学生进行内省体验，探究作文的成功之路，寻得自我自主的发展。学生写作时，教师应对学生进行巡视检查，掌握典型情况，以备讨论交流时进行有针对性的指导。与个别学生进行互动交流，对于明显的小错误予以指导纠正，并及时解决学生的求助信息等。

（四）多向交流

《小学语文新课程标准》对小学高年级习作要求指出："愿意将自己的习作读给他人听，与他人分享习作的快乐，懂得写作是为了自我表达与他人交流。""修改自己的习作，并主动与他人交换修改"。多向互动交流，注重学生之间的交流、合作、资源共享。心理学家约翰逊认为："在课堂上，学生之间的关系比任何其他因素对学生学习成绩、社会化和发展的影响更强有力"。多向互动主张把大量的时间留给学生，使他们有机会相互切磋、相互沟通，从而起到一种"共振"作用，这就是美国著名物理学家温伯特所谓学习中的"共生效应"。这种效能应能使学生相互交流、仿效和矫正，共同发展、教学相长，为了防止学生在交流中泛泛而谈、不着边际，教师要充分发挥"对话中首席"的作用，引导学生交流的程序：先整体后局部；先主要后次要；先优点后不足。重点难点问题集中力量突破。教师要引导学生在这一阶段要敢于标新立异，人人参与，实现多向交流，充分体验写作的成就感，提高自主写作的信心。教学中，教师应采用激励性的评价，通过师生、生生、个体与群体之间的相互交流，引导学生反思自己写作的过程。把"写什么""怎么写""怎么写好"的问题潜"移"默"化"到学生的脑海中去，而且让它们成为学生丰富多彩的记忆，有利于学生对所写内容的意义建构。同时还可以丰富他们的想象，锻炼他们的思维。

（五）修改完善

修改是指运用交流讨论中所得的结果对文章进行的完善。根据本次作文的具体要求和交流讨论的结果，指导学生自改或互改作文。要求眉批不少于5处，总批不少于50个字。总批应有观点有分析。修改时，要引导学生在严格掌握共性标准（评价作文的一般要求，如：内容、结构、书写、语言等）的前提下灵活处理各种情况。学生互批前应统筹安排，将4—6个不同层次水平的人组成一个批改小组。首先由一个同学批改本组另一个同学的作文：改正错别字、改通病句、改妥标点，写好眉批及总批，给定分数。然后由组长把关，复改自己以外的几篇作文，不只对习作者同时还对初评者提出或补充或修正等的意见。评语应有提示性、鼓励性和建设性。在互批或自己改的基础上推荐优秀作文，张贴在班级内，存档后，汇集成册。在这个过程中，教师要善于捕捉学生作文中"闪光点"，特别注意发掘不同层次学生的"新的增长点"。让学生在"评"中学习，在"改"中提高。

（六）拓展延伸

这一阶段教师要组织学生进行作后小结，指导学生找出在本次作文练习中的得失，形成知识系统。学生的任务是系统梳理所得的知识经验，自主寻找新旧知识的联结点，形成知识网络，自主构建知识结构，提高写作能力。教师可以明确下次作文的训练重点，可以预先告知学生下次作文的写作范围和要求，让学生事先可以收集必要的材料及相关的生活积累和同学相互交流各自的素材，启发思维，扩大选择面。如果有一个充分的准备，就可以做到胸有成竹，作文时得心应手。

二、模式的教学策略

（一）优化师生关系，营造民主氛围

教师的首要任务是要积极为学生营造一种民主、和谐、轻松的学习氛围，努力成为学生写作的引路人，与学生互动互学，充分开发学生的写作潜能。其次，教师要充分尊重和信任学生，把他们看成是写作的主动探索者、实践者，帮助学生树立自主写作的自信心，敢于"我手书我心"。再次，教师要尊重学生的意思，鼓励学生标新立异，敢于发表不同的见解。教师对学生提出的意见和见解要耐心倾听，决不随意打断，对那些有创意的说法，应予赞扬和保护。

（二）加强各方之间的合作交流

以往的课堂教学只关心教师如何教，很少关注学生如何学，师生之间是一种单向交流。造成"教师的教"和"学生的学"严重脱节。多向互动教学模式，重视课堂教与学各方之间的多向互动交流，教师与学生共为合作者。

（三）提供具有丰富表达源泉的话题

爱因斯坦说过："兴趣是最好的老师"，教师密切关注学生的生活，从当时社会生活、国内外大事、社会热点问题等；从中选出学生最感兴趣，又容易发表见解或具有情感体验的有关话题，引导学生进行观察、思考、想象，使他们有话可说，有话敢说。给予学生自主选择、自由表达的机会。从而激发学生表达的兴趣和欲望，热爱祖国的语言文字，乐于表达。

（四）设计交互式的、动态型的教学流程

课堂教学过程应该是动态发展，适时变化的，这就需要教师在备课时周密考虑学生习作过程中可能出现的各种情况及应对方案。以学生为主体，根据课堂写作的实际状况和变化需求来设计交互式、动态型的教学流程。教师应密切关注在各方互动交流中的种种变化，以发挥教师在"平等对话中的首席"作用，从而促进学生有效地进行学习。

（五）倡导教师与学生同步作文

教师在指导学生习作时自己撰写的文章俗称"下水文"。它一般要体现本次习作的要求，接近或略高于学生的习作水平，为学生提供范例。由于，教师同学生一同体验了学生习作的感受。因此，在互动过程中更容易把握重点、难点，指导更加有的放矢。另外，在作文教学中，教师的"下水文"创设了师生共同学习的氛围，更容易激发学生写作的热情。教师的"下水文"表达的不仅仅是教师的生活体验和感悟，还应闪烁学生的智慧火花，表现学生们的"心律"节奏。教师写"下水文"与学生一同写作，是一种互动，更是一种交流。

（六）教学生学会倾听

"倾听"是指学生用耳朵认真听、辨析别人的语言做出自己的判断。学会倾听，其实不仅体现着一个人的修养水准，还关系到能否与他人建立起一种正常和谐的人际关系，能否善于与人合作，利用别人的智慧，这在多向互动教学中显得尤为重要。表达和倾听是相辅相成、交替发展，在合作交流中，通过倾听接收信息，并将信息进行整理，在内部消化吸收。通过表达传递信息进行情感体验，随着表达和倾听的深入，思维活动的水平也就会得到螺旋式的上升。

第四节　实践成效

一、实现了四大突破

多向互动作文教学模式是深化课程改革的产物，较之于传统的作文教学，在许多方面均有突破。它遵循现代心理学的写作能力知识观，即"要培养学生写作能力就应该着重引导学生掌握写作内容知识、写作技能、策略性知识，并注意它们的相互作用。"重视三类知识的整合传授。在习作教学目标上，它变过去的只重知识传授为整体考虑知识与能力，情感与态度，过程与方法的综合。它突破了学科本位，注重习作教学与其它多种资源的优化整合，让学生的全面素质得到可持续发展。它注重激发学生的学习兴趣，实现真正的轻负高效。

（一）教学方法的突破

《语文课程标准》要求"积极倡导自主、合作、探究的学习方式。教学内容的确定，教学方法的选择，评价方式的设计，都应有助于这种学习方式的形成。"要积极提倡"语文综合性学习。"多向互动作文教学模式首先突破以往教师导——学生写——教师评的封闭式习作教学法，将板块分割的写作教学、阅读教学、其它各学科教学以及儿童生活等进行全面考虑，相互沟通，并优化整合。让学生在表达实践中通过自主、合作、探究的方式学习表达。它一改传统的理性说教式作文教学法为实践应用演练型习作教学。它将阅读教学习作化、写作教学游戏化、情景化，从而激发学生主动参与。它鼓励自由表达，放飞心灵，无限想象，并鼓励学生自主拟题，表达独特见解。在具体的操作过程中，它将动眼、动手、动脑、动口融入习作活动中，变导、练、评、改板块分割，按序进行为灵活穿插，交互活动；变单向的信息传递为多向、多重、立体交叉的互动型信息交流。确保了自主、合作、探究学习方式的实施。

（二）教学内容的突破

《基础教育课程改革纲要（试行）》指出要改变课程内容难、繁、偏、旧和过于偏重书本知识的现状，加强课程内容与学生生活、现代社会、科技发展的联系，关注学生的学习兴趣和经验，精选终身学习必备的基础知识、基本技能。多向互动作文教学模式的内容充分体现了课程改革的精神。其以《语文课程标准》中的习作要求为准绳，淡化写作知识，更不追求写作知识的系统化，而把学生的写作兴趣、习惯、情感态度、价值观等作为重要内容。其习作内容面向整个社会生活，要求说真话，表真情，除了写还注重组织、交往（协同、合作等等）、策划、辩论、主持、表演、游戏、比赛、收集处理信息等，除了写人记事类简单的记实作文，还有童话、童诗、儿歌、谜语、组合图形作文、绘画作文、续编故事等想象作文，更有小幽默、小设计、漫画、小实验等内容。习作的表达方式也不拘一格，鼓励无限创意。

（三）教学评价的突破

《语文课程标准》在评价建议中提出："评价的目的不仅是为了考察学生实现课程目标的程度，更为了检验和改进学生的语文学习和教师的教学，改善课程设计，完善教学过程，从而有效地促进学生的发展。不应过分强调评价的甄别和选拔功能。"多向互动作文教学模式突破传统作文教学的评价观念，有了更丰富的形式和内容。具体地说，其有以下四个方面的重要转变：

1. 变重甄别与选拔为重视学生的自我建构

多向互动作文教学模式对学生写作能力的评价不是给学生一个精确的结论，更不能以某一篇书面考试作文作为依据，给学生一个等级或分数，并与他人比较、排队，作为检查和评比的"尚方宝剑"，定夺学生的命运。其关注的是目标的达成，学生的发展。即关注三维目标（知识与能力、情感与态度、过程与方法）的整合体现，重视促进学生的综合素质在原有的基础上不断发展。

教师在每一次写作教学之前，应根据课程标准各学段规定的有关基本要求和具体的写作内容，设立恰当的评价目标，并分解细化出一些具体的、可操作的评价指标，以便在写作教学过程中根据指标不断收集各种信息，监控学生的学习状况。这样，通过对《语文课程标准》中各学段的教学目标的状况的了解，分析学生在语言表达水平、写作兴趣、态度、习惯和搜集、积累习作素材、修改作文等方面存在的优势与不足，确定具体的改进措施，从而促进学生写作水平的不断发展，逐步实现知识能力的自我建构。

2. 变单一评价为多元评价

传统的作文教学评价仅以书面测验的形式考查学生掌握写作知识与技能的情况，这不管是从写作教学的目的来看，还是从写作本身的特点来说，都是有失偏颇的。多向互动作文教学模式评价因内容宽泛，不仅要评价学生的习作、说话能力，还需评价学生的学习动机、兴趣、情感、意志、习惯、交往、合作等非认知因素，更关注评价学生在原有基础上的进步程度，所以评价的形式也视具体需要而丰富多样：有书面形式的、档案袋式的，更有调查、说明、论辩、访谈等实践操作形式的。呈现方式有书面描述性的、口头点评式的、作品展示式的，也有星级评定、等第表示的。其关注人的多元智能，强调通过多种评价形式与评价手段，综合评价学生在情感、态度、价值观、创新意识和交流表达等多方面的发展情况，让每一个学生都充满希望，让每一个学生都有获得成功的机会。

3. 变重写作结果为重写作过程

多向互动作文教学模式的评价重视形成性评价的作用，其关注的是文章形成的过程和学生收集、保存、处理习作材料过程中的表现。强调通过评价，引导并激励学生学习用观察、调查、访谈、阅读、思考、交往、倾听等多种途径、方法搜集习作材料，并逐步养成习惯。在评价学生习作过程中的讲、评、批、改时，重点不在于通过这些环节提高谋求习作的质量，而在于考察学生参与讲、评、批、改等实践活动的质量以及学生在活动中表现出来的兴趣、投入程度、合作态度、意志毅力等，并针对学生的优势与不足，给予学生具体的、有针对性的改进建议，从而调控、激励学生交流学习、取长补短、掌握方法，使每一个学生的写作水平、行为品质均在原有的基础上不断朝好的方向发展。因此，多向互动作文教学模式的评价也就有了它自己的方式。即将各种形式的评价，按需随机渗透在学生的听、说、读、写、观察、访谈、调查、交往、倾听与合作等活动之中，并与教学过程优化整合，融为一体。

4. 变教师主宰为学生的主体作用

教师在评判学生写作能力时，常以某一篇文章为依据，企图给学生一个精确的、客观的定论，可是对某一篇文章的看法常因人而异，就是同一人，今天与明天的看法、上午与下午的想法也时有变化，又何谈精确？但学生却只能无可奈何地承受这不合理的评判。这种以教师主宰的评价形式使许多学生受到伤害，以至于学生怕作文，躲作文，这对学生的人格完善与能力发展都很不利。多向互动作文教学模式评价重视发挥学生在评价中的主体作用。在学生习作的过程中，教师通过引领学生参与评、批、改等实践，培养学生自我评价的能力，逐步学会自能作文，自能改文的本领。在提供习作评价的资料搜集与选定中，尊重学生的个人意愿。在评价时，强调发挥学生的积极作用，组织学生开展自评、互评，引领验审小组在充分吸取大家与本人意见的基础上，综合评议，确定结论。在反馈评价信息时，师生合作，制定改进措施，激励学生不断努力。总之，要让学生在参与习作评价的全过程中不断反思、感悟、改进，使习作评价成为学生自我认识、自我评价、自我激励、自我调整等自我教育能力不断提高的过程，成为学生与人合作的意识和技能不断增强的过程。

（四）教学管理的突破

多向互动作文教学模式由于其丰富的内容与多彩的形式决定了其教学管理的新颖、独特。它的教学管理是与班级行政管理整合在一起的，增加了对学生生活及行为习惯养成的管理。其以争"章"为手段，采取既有个人竞优，又有小组竞赛的"两条腿走路"的方式，变专制式管理为人文化管理。它每月一结算，定期反馈，每组的前3名和后3名由班委会向家长发贺信、通知，再通过建立家校联系卡等措施，将管理的时空由学校延伸到家庭。它变教师的单向督促、制裁为教师、学生、家长协同、合作、激励。其更强调兴趣诱导，攻心为上，重视对作前、作中、作后的全程管理，并与评价结合，促进学生人格的完美塑造。它与评优（三好生与各单项标兵）挂钩，注重全面的个性张扬，变"认真听""不许说""守纪律""要记牢"为"我想听，我要说，严肃而不失活泼。"

二、实现了三个"转变"

（一）实现了变封闭式教学为开放式教学的转变

多向互动作文教学模式组成了输入信息、输出信息、反馈信息、评价信息等相互关联的完整信息网络，冲破了信息单向传输、反馈延时、评价滞后的封闭模式，扩大了学生活动与交流的空间。而且由于师生、生生、学生与群体间的互动，使教与学呈现出开放、可控、有序的整体态势。把教师的激励、组织、指导作用和教学过程中的定向、行为、反馈的机智和谐地交织在一起，促进了学生认知的良性循环，使"主导"与"主体"的结合得到了最佳体现。

（二）实现了变单一模式为整体优化模式的转变

多向互动作文教学模式，把目标、行为、反馈调节等几个系统交融在一起，保证了信息递接的同时性，形成了师生互动、和谐共振的有效机制。并且这种教学模式融多种先进教学手法于一体，既赋予多种先进教学方法以确定性，又发挥了多种先进教学方法的互补性，充分体现了"四为主"（以学生为主体、以教师为主导、以训练为主线、以思维为主攻）的教学论思想，打破了过去单一的作文教学模式，形成了整体优化结构。

（三）实现了变师生的依附关系为合作交往关系的转变

多向互动作文教学模式改变了学生只能服从教师的对立关系和强权与隶属的性质，建立了民主和谐的人际关系。其中每一步都有师生间的对话，都有信息的交流，都有思维与心灵的撞击和共鸣。智力的群体效应使学生的内心充满了自尊感与自豪感，加速了学生"潜在发展水平"向"实际发展水平"的转化。

三、实现了两个减轻

（一）减轻了学生负担

课前不需要有什么准备，课后也不布置任何作业，一切任务当堂完成，学生在课外不再有写作文的负担，减轻了学生的学业压力，让学生有充裕的时间进行课外观察和阅读，从而开阔视野，增长见识，锻炼思维，提高素质。

（二）减轻了老师负担

当堂完成讨论、批改等任务，不需要教师课后再花大量的时间去批改作业，不再为"精批细改"而发愁，减轻了教师负担，让教师有更多的自由支配的时间。这就从根本上把教师从繁重的作文批改中解救出来，让他们有更多的时间去研究教材教法，从事教育科研，探索教改规律，提高教学质量。

四、实现了一个提高

经过几年的努力，多向互动作文教学模式为课堂教学提供了广阔的天地，推动了学校作文教学的整体改革。自从开展这个形式的作文教学以来，学生惧怕作文的人数大大减少，家长也反映，学生作文能力提高了，仅 2018 年学生习作发表在各类书刊报纸上就有 100 多篇，教师发表论文 7 篇获奖；有关作文教学的教案发表 10 篇，其中市级观摩课 1 节，县级 3 节，在县小学作文教学中有较大的影响。这不仅提高了我校教师理论研究的水平，而且大大促进了全校学生整体写作水平的提高。

第二章

读写结合模块

"读写结合"是一门智慧的"艺术",最著名的"艺术大师"要数全国著名特级教师丁有宽了,他提倡的"从读学写,以写促读,读写结合"的理念,影响了一代人。21 世纪的作文教学应从时代发展和未来人才的需求出发,把教学重点从知识的传授与技能的培养转移到开发潜能、启迪心智上来。通过多向互动作文教学模式的读写结合,以多种形式培养、提高学生自我学习,学会交往,完成自我建构能力,发掘学生创造潜能,保护学生的创造萌芽,为培养创新型人才打好基础。

第一节　读写结合的特点

读写结合的作文教学是一个动态、开放的教学系统。读写结合的目的是利用读写之间的内在联系,"以人为本"发挥学生的主体性,追求人的全面发展,充分挖掘个人的主观能动性,以取得最大的效益和最优的发展。多向互动作文教学模式的读写结合是综合、互动、纵横交错的,千方百计地改进作文课堂教学,省下时间、创造条件,引导学生向课外、校外延伸,发展个性,以读、说、写交错,课内外交错,不同文体交错为特征,具有以下几个基本特点:

一、多渠道、多形式

多向互动作文教学模式的读写结合是多渠道、多形式的。穿插在阅读教学中的读写结合采用读中有写，写中有读，读、说、写交融的形式；在课外的读写结合常借助某一活动为载体，以写带读，以读助写。利用学生已有的知识基础，或作课后巩固性读写实践，或学习新知识，其随机渗透在教学过程中的各个环节，这样的读写结合形式就更多了。

譬如，出示一篇写法新颖的文章，让学生读后交流，写同形式不同内容的文章。因为文章形式有趣，内容又都是学生熟知的，互相启发交流又深深刺激了学生们的作文心理，教师稍加点拨，学生便能写出好文章来。

示例：

"棕仔"风波

六（1）张梦筠

狗是人类的好朋友，是一种懂得感恩的动物，它会用自己的看家本领来回报主人。小狗"棕仔"只与我们相处了两天，就与我们结下了深厚的友谊。

"棕仔"奇遇

窗外的雨淅淅沥沥地下着，雨珠无情地拍打着窗户。一只可怜的小狗被淋成了一只"落汤狗"，一根根毛都耸立了起来，如同一只刺猬。为了找到一个合适的躲雨点，小狗选择了躲在我们这栋教学楼里。

下课了，正当我还沉浸在书海之中时，听见同学们传来了一个爆炸似的新闻，一只小狗跑进了我们的教学楼。我听到这个消息后，立刻放下手中的书，也前去欢迎小狗的到来。小狗仿佛也懂人意，发现我们这么热烈的欢迎，便爱上了这儿。老师为了不影响我们的上课，几次赶它走，它只是发出了几声惨叫后，又回来了。老师也拿它没办法，只好把它关在一个曾经被同学们遗忘掉的笼子里了。同学们胡乱地给小狗取了一个名字——"棕仔"。

冒险喂食

小狗"棕仔"来到这儿后，同学们就把它当成了自己的子女呵护它。大伙儿牺牲了自己的零食，把那些吃的喂给了"棕仔"。

教学楼规定是不能带零食的，可大家为了"棕仔"只好冒一次险了，大家把零食藏进了口袋，然后来到笼子前，只见一位高大的男同学，弯腰来到笼子前，小心翼翼地撕开一根火腿肠。拿着那根火腿肠抖了抖，引诱"棕仔"吃，嘴边还不停地念叨着说："快吃，快吃，'棕仔'快吃！""棕仔"先踌躇了一会儿，抬头瞅了瞅那位男同学，"认识认识，是多次相见的老朋友了。"便放心地吃了起来。别的同学也一一前来喂食让"棕仔"能得到足够的食物，不然，可能就会白白地饿死了——大家谁也不想看到这个悲惨的结局，冒着被扣分的危险，来为"棕仔"喂食。"棕仔"被同学们的热情再次感动了，更加爱上了这儿。同学们对"棕仔"的感情也越来越深。

依依惜别

六月的天，孩子的脸，说变就变。早上还下着雨，中午的天气就来了一个180度大转弯，太阳公公也伸了伸懒腰，纵身一跃，开始了今天的工作。

吃饭的时间到了，大家兴高采烈地排着队伍，期待着今天美味的午餐。"棕仔"好似也要来凑凑热闹，在我们吃饭途中，紧跟在班长身后，成为了一名小队员。不知为什么，"棕仔"突然停了下来，同学们纷纷去摸"棕仔"的毛，它掉队了。老师发现它后，就把"棕仔"赶走了。在同学们的目送下，"棕仔"越走越远，直到我们看不见了为止。

再次相遇

"棕仔"走后同学们有些失落，觉得再也见不到"棕仔"了，但在回教室时，奇迹出现了。"棕仔"自己又找到了我们的教学楼，同学们又去看望那只小狗了，又去给小狗喂食了。

周末放学的时间到了，我们只好告别了"棕仔"，离开了学校。

真不知道"棕仔"这几天的情况怎样。我相信，同学们在家里，一定还牵挂着那只可爱的小狗——"棕仔"吧！

又譬如，结合阅读教学，教师可提供一篇用故事说明一个道理的文章给学生阅读，然后通过互动交流，相互启发的方式，同样用一个故事来说明同样的道理（即同中心换内容的作文练习）。教师只需几句话的启发，学生也能写出文章来。下面是从五年级中等学生习作中随意抽出的一篇：

示例2：

跳绳比赛

林崇宇

这个星期，我们班举行了一次跳长绳比赛。

我们这个队伍看上去实力很差，因为全班的胖子大多数集中在我们这组，无奈！只好把绳子甩慢点，以防绊倒。利用课余这点时间，我先让这些胖同学熟悉熟悉跳绳的节奏，绊了又甩，倒了又鼓励，耐心地让他们适应，以便使战斗力大大地提升。

到了比赛时间，我们马上分配好每个人的任务，然后就开始抽签了。我们队派出了姚凯翔去抽签，可惜他的手气太差了，竟抽了个第一，这下我队压力就大了。我们立刻分工：汪子龙和王子铭甩绳，姚凯翔在最前面，我在最后面，因为我在最后面，他好接应。

一切准备就绪，限时3分钟的比赛就要开始了，我们为了让那些跳不好的同学们不绊倒只能慢点甩，可是太慢了又有点费时，旁边的同学们不住地喊着："1，2，3……"在跳的过程中，同学们有的腿发软，有的上气不接下气。但大家都坚持了下来。最后，我们的成绩还不错。

这让下一组的同学们很有压力，因为我们跳得太好了。他们跳的动作快，不过绊的次数也多，所以最后只跳了150余个。最终我们得到了第二，这对我们来说已经是超乎想象的好了。

只要团结，只要坚持，我相信世界上没有做不好的事情！

许多读写结合法，由于设计精心，选文恰当，不但能让学生明白许多做人的道理，还能照顾到不同个性、不同情况的学生，满足各个层次学生的发展需要，诱导他们轻松愉快地进行多种读写活动的综合实践，从中尝鼎一脔。

请看下面的续编童话、写悔过信等多种文体交错的读写结合练习，就很有上述特点。

操作程序如下：

（1）提供童话故事两篇让学生阅读：《潘多拉的匣子》《太阳的一家》（选自《新语文读本》小学卷7）

（2）作简单的习作提示：

①读了《潘多拉的匣子》后，你一定会对"希望"这两个字特别感兴趣。"希望"能产生智慧和力量，并能战胜一切罪恶和痛苦。那么，你现在的希望是什么呢？可续编童话《潘多拉的匣子（续)》，或另编童话《希望的匣子》，当然也可以另出题目写作。

②月亮和星星离家出走后，太阳悔恨交织，请你代表太阳向月亮和星星写一封悔过信，然后再代表月亮和星星给太阳写回信。当然还可以用别的题目和别的形式写作。

（3）学生根据各自的喜好，任选一题写作。

在上述的读写结合实践中，前面的阅读成了学生习作材料上和创作精神上的有效铺垫。任务一下达，他们嘻嘻哈哈地与旁边同学议论了几分钟后，便投入到写作之中，完全没有了从前写作时的搔脑袋、噘嘴吧、无话写、乱编造的现象。

又如，读了一篇《我明白了》课外阅读，进行的读写结合：

示例：

我明白了

周海晨

在人生的旅途中，我们在渐渐地长大。经历了许多事情的我们，也渐渐地成熟起来……

那天早上，戴老师在讲解我们的考试卷。我认真地听着，生怕错过任何一点知识。讲解完试卷后，要发试卷了，我的心立刻狂跳了起来，似乎蹦到了嗓子眼，因为不知道自己考了多少分，我想万一考差了怎么办？就在这时，一张试卷飞到了我面前，我不敢看试卷，生怕考差，但是"丑媳妇总要见公婆的"。我看了分数后，立刻兴奋地站了起来，心里甜甜的，美滋滋的，脚下仿佛踩着一朵幸福的云，因为我考了98分。订正好试卷后，戴老师又发了一张试卷，让我们写。我似乎有些骄傲了，借用顾老师的话就是"飘飘然"起来。写好了试卷后，我坐着没事干了，不在座位上检查，而是玩起钢笔、橡皮……

第二天，倒霉的事情来了，昨天考的数学试卷竟只有89分。我的心直往下沉，脑袋里一片空白，不知在想什么。过了好一会儿，我才暗暗地想：昨天考了98分的"凤凰"，今天怎么竟成了考89分的"野鸭子"了呢？整整差了九分啊！经过左思右想，我终于得出了结论：都是一个"傲"字作怪，因为我骄傲了。

是啊，就是骄傲让我摔下了万丈深崖。

经过这件事后，我明白了鲁迅先生说的一句话："不满足是向上的车轮。"也更加懂得了毛主席说的："虚心使人进步，骄傲使人落后。"我将永远记住这个真理……

我明白了

林毅

手上的笔在沙沙作响，时钟不紧不慢地走动着，面对我最为自信的数学考试我做得十分迅速，丝毫没有半点犹豫。过了几十分钟，我终于做好了，再也没对这张试卷注视一眼，就对自己身旁的同学炫耀着自己的速度，无聊了，就在草稿纸上画画，期盼着下课早点到来。

做完了试卷，如释重负，胸有成竹地交上试卷，开心地准备去吃饭。

过了一天，终于到了讲试卷的时候了。戴老师发下了试卷，面对刚发下的成绩我认为是不是同学发错了，竟是88分！我再次看了看姓名，绝望了，我的心如同掉进了冰窟。

同学问我成绩，我只能说："很差了，还是你好。"我回答得吞吞吐吐，低着头的我真是面红耳赤、无地自容，恨不得找个地洞钻进去，再也不出来。我终于明白了骄兵必败这个道理，失败的我努力查找今天的错误，让这次考试成为警钟，每时每刻提醒我。

蓦然回首，这一段历史却是我忘不了的痛，犹如锋利的匕首划破了心房。留下了永远的伤痕。正如老舍说过：骄傲自满是我们的一座可怕的陷阱，而且，陷阱是我们亲自挖掘的。通过这次考试，我们应该懂得谦虚才能使人进步，否则，就会将自己毁灭在骄傲之中。

很多状物文章也可采用这种形式进行读写结合，不仅能加深对文本内容的理解，激起学生丰富的想象力，同时还能让儿童在不知不觉中积累大量的最基础的书面语言。

在上面的几个读写结合例子中，教师都没有花力气指导，只是借助了阅读材料的内在特性，利用儿童富于幻想、善于模仿的特点，让学生轻松愉快地写出了作文。

当然，在读写结合的方法中还有仿用语言文字的，仿修辞手法的，仿写作方法的，仿观察方法的等，不一而足。对于初学某一知识技能的，读写结合时需作较详的启发、引导，一般与阅读课结合解决；对已有了初步认知，并进一步巩固、运用、提高的，读写结合时只要提供阅读范例，作适当点拨即可；而对学生已经熟练掌握的知识、技能，教师可诱导学生自选范文或提供不同性质的范文，让学生改造甚至创造写作，力求让读写结合成为提高学生读写水平的最好途径。

二、不强调理论灌输

小学生见识少，读写结合中教师为学生提供一定量的阅读范文，意在开阔儿童的眼界，拓宽儿童的习作思路，再利用儿童心理发展的特点，诱导他们大胆想象，无拘无束地写。因此，在读写结合中，有些文章作法教师可以作启发、点拨，不可理性说教，也没有必要分析、强调。

有人担心：让学生自己阅读范文，教师不细加分析、指导，学生不会写怎么办？写得不好，不合要求怎么办等，这让人产生许多顾虑。

笔者曾做过一个实验，将选取的五年级学生分为成绩基本均衡的两组，阅读教师提供的同一篇范文。第一组学生阅读时，教师作了详细的分析指导，然后让学生仿写，整整用了两节课，但学生的文章因受种种限制，内容贫乏，形式机械，学生写得很累。另一组学生则放手让他们自己阅读，教师稍作启发、点拨便让学生仿写，并且鼓励个性发挥。结果时间几乎节约一半，学生习作的字数反而明显增加。表达方式也较第一组活泼得多。我又在四年级学生中做同样的实验，结果同样。

通过上面的教学实验，我们认为，要提高读写结合的质量，下面两点值得重视：

第一，所选的范文是否合适与读写结合的效果高低有着很大的关系。首先范文需要有针对性，而且越典型效果越好。其次，范文不可太难，略有超越学生已有的知识基础和心理水平为最好。

第二，读写结合的成效高低不在于教师对范文写法分析得有多透彻，而在于读写结合方法的科学设计。如在前面的读写结合多样性特点中列举的让四年级学生读童话故事《潘多拉的匣子》《太阳的一家》后，进行续编童话或写悔过信等多种文体交错的习作设计就是一个例子。在这次读写结合活动中，学生的习作绝大多数都写得很不错。字数明显增加，语句也比以往流利。而且文章内容丰富多彩，形式五花八门。如：《希望的拯救》《潘多拉的匣子（续）》《潘多拉的匣子读后感》《太阳的一家（下集）》《太阳的悔过信》《月亮的回信》《太阳的自述》等。在《太阳的自述》与《太阳的悔过信》中，学生们几乎都能利用原文中的信息，结合自己的生活经验，描述"自己"（太阳）不该酗酒打人的悔恨心情和改过自新、请求妻儿原谅的内容。情真意切，极富人文性。有的学生则以地球上小公民的身份为太阳一家当调解员，劝月亮与太阳和好团聚。写得有理有据，俨然一个公正的法官。更有学生就像编电视连续剧似的，用一个个小标题拉出一幕幕剧情（下为原文标题提纲）：

太阳的一家（续集）

四年级 孔颖颖

1. 太空街 33 号里的可怜虫

2. 太阳的悔过信

3. 月亮的回信

4. 地球小公民的调解会

5. 电话连线（66＊＊＊77101）

6. 大女儿木星的婚事

7. 大结局

她把故事编得有声有色，有板有眼的，字数竟达 1200 多！作为一个小学四年级的学生能写出这样的文章，绝不亚于初中生。后来问她是怎么想出来的，她说是看课外书学来的。不可否认，没有足够阅读积累，她是写不出这样的文章来的。而她的阅读所获又非他人的写作理论灌输而得。照这样的发展趋势，相信几年后，随着语言与生活的不断丰厚，她一定能成为一个写作好手，因为她已经掌握了打开写作之门的金钥匙。

多年来，在传统的作文教学中，教师费尽心思要将写作理论规范、清楚、透彻地授予学生，企图以此提高学生的写作能力，可学生却闻写生畏，肚子里掏不出东西来。

从以上的读写结合活动结果中我们可以看出，衡量一个教师的作文教学成功与否的标准不是教师讲得有多好，分析得有多细，而是学生真正学到了多少知识，能力提高了多少。

在写作中，我们时常会听到学生问老师：我这样写可以吗？那样写可以吗？学生们自己提出来的往往是他们最擅长表达、乐于表达、最富个性的东西，也常常能写出人们意想不到的文章来，作为教师理应鼓励，不可扼杀。

其实，儿童习作中句子不通的现象是非常普遍的。而这些不通的句子为什么不通？到底不合什么规范？教师也说不出个所以然来，只是读起来感觉不顺口而已，这需要大量读写实践的积淀，并非通过寻找其中的什么规律才能解决的。我们需要规范，要看教师是怎么对学生进行规范表达引导的。倘若学生学习时遇到障碍，教师应该点拨；倘若学生能够创造发挥，那么就应该把创造发挥留给学生。

再者，小学生需要从学习基础的书面语言起步，而这些基础的书面语言往往无法用为什么要这样、为什么不能那样的道理来理性说清，就像 1 + 1 为什么必须等于 2 的道理一样，是无法、也没有必要向小学生说清楚的，只有引领他们通过运用去感悟、积累，而感悟、积累这些说不清、道不明的基础的语言是十分重要的，它是解决学生习作中语句不通的重要途径之一。

汪潮、吴泉就阅读类型对作文影响的实践研究表明："读写结合，不管是积累性阅读教学，还是理解性阅读教学，对学生作文的影响都是积极而巨大的。"

"千里之行，始于足下"对于初学写作的小学生来说，读写结合无非是让他们在模仿中经历一个从"无法到有法"，再由"有法到无法"的循环过程，不能让学生成为"法规"的奴隶。

诱导儿童阅读适合于他们的读物，激发他们的兴趣，兴趣把学生引上爱读、会读、爱写、会写的道路，这是多向互动作文教学模式中读写结合要达到的目标。

三、在实践中互动启发

读写结合的目的是利用读写之间的内在联系，让读与写相互作用，共同促进，从而避免做多余的无用的功。但是在具体的教学实践中，怎样在将阅读强调为一种有意义和快乐的儿童参与理解文字意义的活动，同时让儿童从中领悟必备的写作知识，提高写作技能呢？传统的写作教学证明，采用教师的理性说教方式来提高学生的写作能力是失败的。假如我们在学生对某一基本的写作表达方式完全不知的前提下，给学生一篇用这种方式表达的文章让他们自己阅读，他们会注意文章的内容，却很难觉察到隐含在其中的写法，也不会写出用这种方式表达的文章来。就是那些现成的好词、佳句若不引导学生身临其境地多读读，学生在写作时大多也用不上来。

笔者曾经做过一个试验。在一次举行"瞎子捉跛脚"游戏的前两周（学生并不知道两周后要写这一活动），有意识地陆续提供了很多句、段给学生阅读，并且还让他们记了记。虽然这些句段不是直接写"瞎子捉跛脚"的，但稍加取舍变通都是可以运用的。两周后在写"瞎子捉跛脚"游戏时，学生居然很少运用，甚至连优等生也极少运用。尽管"瞎子捉跛脚"游戏中的很多情境与所提供的阅读句、段所描述的情景非常相似。看来用这种方法提供的好词、佳句难以真正纳入儿童的语言系统，这样的板块式相加的读写结合之法是不行的。于是我再次组织学生进行了一次"瞎子吹灯"游戏，因为这两个游戏有很多相似之处，所以重新利用了这些句、段，并将其当场发给学生阅读，要求写作时随时提取运用或变通运用，其余的条件、做法均不变。结果全班学生都在习作中充分地使用了，大多数的中等学生还能变通迁移、重组运用，更重要的是在以后其他的说写活动中，凡碰到类似的情境，他们居然也能够灵活变通、创造性地运用了。由此可见，读写结合须读写同步，并配合适当的读写点拨、结合练习。实践表明，将阅读吸收、说写表达、交流互动交融在一起进行读、说、听、写实践的读写结合法是最为有效的。

第二节　读写结合的策略

读写结合，由仿到创，由俗入雅，这是学生学习写作的基本规律，问题是阅读与写作怎样结合才能高效呢？

一、找到读写结合点

要使读写结合有效，阅读与写作这两项学习任务之间必须具有相同的要素，这便是读写之间的结合点。选准合适的结合点，这是读写结合成功的关键。

（一）结合点在开头和结尾

开头是文章的起句之笔，结尾是画龙点睛之笔，都是一篇文章机要所在。古人云：好的开头等于成功的一半。又曰：编席拿篓，重在收口；描龙绘凤，妙在点睛。开头开得有趣，能引人入胜；结尾结得好，能使文章尽显其妙。抓住结尾的巧妙之处指导学生读中学写，仿中创新，练中悟法，是一种很便捷的好方法。

如《桂林山水》一文开头：人们都说："桂林山水甲天下。"我们乘着木船，荡舟漓江，来观赏桂林的山水。

结尾：这样的山围绕着这样的水，这样的水倒映着这样的山，再加上空中云雾迷蒙，山间绿树红花，江上竹筏小舟，让你感到像是走进了连续不断的画卷，真是"舟行碧波上，人在画中游。"

这样写，结尾与开头的引用诗句相呼应。能使人感到文章结构完整，浑然一体，首尾呼应。

开头和结尾，是文章里的写作特点的重要部分。开头和结尾的方法千变万化，不同的文章有不同的开头和结尾的方法。或设问、或引用，或比喻，或对话，或写景，或描景，或举例，或用典……在教学中应该注意点拨。其目的是为了学生在练习写作的时候，学会一些开头和结尾的方法，运用到自己的阅读和写作的实际中去。力求把文章写得新颖有趣，写得活泼有趣。

（二）结合点在过渡和照应

过渡和照应是使文章脉络通畅、线索分明的一个重要手段。过渡是指上下文之间衔接转换；照应是指前后内容的关照呼应。过渡多用在顺序和倒叙相转接的地方，或在文章由一层意思转到另一层意思时，或在论述问题"由总到分"或"由分到总"的开合的关键地方。在文章中，除了过渡句、过渡段之外，有的文章里，在意思转折不大或不太明显的地方，还可以采用"过渡词语"来过渡，如既然、那么、虽然、但是、因为、所以、尽管、其实等。我们在阅读文章的时候，在分析文章的写作特点的时候，一定要注意这些过渡的地方，引导体会这些过渡的作用。照应的方式是多种多样的，一般有人物照应、景物照应、事物照应、时间照应、地点照应等。我们在阅读分析文章的时候，一定要注意这些照应的妙用。

（三）结合点在重点修辞句子

山不在高，有仙则名；水不在深，有龙则灵；文不在长，佳句则成。一篇文章中若有几个充满灵性的佳句，就会锦上添花，画龙点睛。

而这些佳句多是用了一些修辞手法的句子。我们引导学生阅读文章，就是要使学生读有所悟，尽得奇妙。例如《雨》一文中的一个句子："雨越下越大。窗外迷迷蒙蒙的一片，好像天地之间挂起了无比宽大的珠帘。雨点儿落在瓦片上，溅起的水花像一层薄烟，笼罩在对面的屋顶上。顺着房檐流下来的雨水开始像断了线的珠子，渐渐地连成了线。地上的水越来越多，汇合成一条条小溪。"在这里，作者用"天地之间挂起了无比宽大的珠帘"比喻窗外迷迷蒙蒙的雨幕；用"像一层薄烟，笼罩在对面的屋顶上"比喻雨点儿落在瓦片上，溅起的水花；用"像断了线的珠子"比喻顺着房檐流下来的雨水，使雨中景色形象生动。教学时我指导学生学习这样的比喻手法，练习写"秋雨""春雨"，一个小学生写道："呵，真好，新年竟是在这场春雨的洗礼中到来的。像牛毛，像花针，像细丝……朦朦胧胧，歪歪斜斜，织出了一个宽大无比的天幕，罩住了天地间的一切……"

这样的读中学写，就使学生把自己的学到的修辞方法活化到自己的写作实践中了。

（四）结合点在特色段落

文章是段落的组合。好文章总是有一两个特色段落。所谓特色段落，有的重在抒情，有的奇在描写，有的好在说明，有的巧在议论，有的妙在对话，有的趣在用典，有的秘在修辞……抓住文章中有特色的段落导读，引导学生用大脑去综合，用心去体验，用情去感悟，导中思写，读中悟写，悟中练写，练后变写，变中创新，就是抓住了读写的最佳结合点。

（五）结合点在思路章法

文章有法，文无定法。有法与无法是辩证的统一。初学时有法，创新时无法。有法是基础，是借鉴，是模仿，是"学得"；无法是提高，是创新，是悟得，是"习得"。教好作文是很难的，探索出作文思维的规律是更难的。我们通过研究，认为读写结合的最佳结合点就是思维。

思路章法是思维的外化体现。仔细研究小学作文，分析各类文章不外乎四种基本章法模式：即三段式、纵式、横式、总分式。用孩子们喜闻乐见的图文结合的思维导图或者流程图加以表现，非常直观形象。例如教学《落花生》一文时，可以抓住"种花生→收花生→议花生"这一章法的结合点，引导学生观察校园门口的大柳树，指导学生按"栽柳树→育柳树→议柳树"的章法进行模仿和创新。有个孩子就写了一篇比较成功的佳作——垂柳。

垂柳

我家的门前有一条小溪，小溪边有一块空地，妈妈经常叨念这块地空着怪可惜。我上小学一年级的那年的春天，有一天，爸爸说："我那里有两根柳枝，就栽在这儿吧。"

我们姐弟几个都很高兴，挖坑，栽树，浇水，没过一个月，它们便长出了嫩芽。我们有时候给它浇水，有时候还给它捉虫子。又过了几年，它居然长成了枝繁叶茂的大柳树。

去年夏天，有一天中午吃过午饭，我和爸爸、妈妈，还有哥哥、妹妹在柳树下面乘凉，爸爸说："我出个问题考考你们好不好？"

我们异口同声地说："好。"

"谁能把柳树的好处说出来？"

哥哥说："柳树可以供人们做家具。"

妹妹说："柳树可以让人们乘凉。"

我说："柳树很容易活，载到哪里都可以生长。这就是它的好处。"

爸爸说："柳树的好处很多，有一样最可贵：你们没有看见柳枝总是向下垂的吗？它总是低着头，象征着它的谦虚。柳树不像其它的树那样，总是争着望上长，争着接受阳光，而总是往大地上看，它没有忘记生养自己的土地……"

我们都点了点头。

爸爸接下去说："所以说你们长大了要像柳树那样……"

我急忙接上说："长大了无论走到哪里，都不要忘记养育我们的父母，不要忘记生我养我的家乡。"

爸爸说："对！这就是我对你们的希望。"

这时，午睡的人都起来了，炎炎的烈日更浓了，但我却不觉得热，父亲的话深深地印在了我的心上。

在这里，小作者巧妙地模仿了《落花生》一文的章法模式，采用了叙事的手法，按照"栽柳树→育柳树→议柳树"的顺序，重点写了"议柳树"一部分内容，详细地描绘了柳树的精神品质的特点："它总是低着头，象征着它的谦虚。柳树不像其它的树那样，总是争着往上长，争着接受阳光，而总是往大地上看，它没有忘记生养自己的土地……"。并且由此引申出一个深刻的哲理，表达了作者热爱家乡、热爱祖国的思想感情。在阅读教学中，抓住了读写结合的"点"，品"新"析"异"，不失时机地让学生感受到文章新颖之魅力；通过迁移、模仿、创新地练，谋"新"写"异"，注重创新能力的训练和指导，就可以走向读写结合的最佳境界。

这四种基本式中，还可以产生很多变式。如总分式，可以变化出总分写人式、总分状物式、总分叙事式、总分描景式、总分想象式。有了一套切实可行的作文章法，就可以为教师指导学生进行读写结合找准最佳的结合点。章法格式应该是作文入门的功夫。古诗有格式，我们写作文为什么就不能有格式呢？同是有格式的绝句，古今灿烂的诗句不胜枚举；同是作文章法，我们也应该能指导学生写出千变万化的锦绣文章来。关键是怎样运用章法格式去指导学生写，关键是怎样应用章法格式去指导学生写新颖的内容和悟出内容的新意。小学作文非小事，一章一法总关情。思路章法的最大特色就是把作文的思维流程外显化、格式化、模板化，这样做易学、易用、易操作。

二、提供适切的范文

"如果离开了模仿，读写之间就无法结合。模仿是读写结合的心理基础。"不过让刚入学的小学生从阅读范文中模仿写作方法，显然是不可能的。三至六年级学生能够初步学会从读中学写，但必须注意提供给学生阅读的范文不能超越学生已有的认知水平。对于小学各年级学生来说，应提供如何难易的范例较适度呢？

根据汪潮教授的实验和研究，小学生在读中仿写的水平可以划分为四级：

（一）句型仿写。对范文的句子进行仿写，能把句子写完整，它的心理特征是识辨句型。小学一、二年级学生仿写多处于这一水平。

（二）结构仿写。从课文中寻找相应的写作方式，表达一定的人、事、景物，多数是记叙文结构仿写，它的心理特征是认识简单的结构。小学三年级学生处于这一水平。

（三）综合型仿写。开始从几篇范文中进行综合性模仿，突出描写特征的训练，它的心理特征是比较。小学四年级学生多数处于这一水平。

（四）初创型仿写。在借鉴范文的基础上，具有初步的创造性，仿范文之形，写出自己的真情实感。重点是展开文思的训练，它的心理特征是联想。小学五、六年级学生处于这一水平。

根据学生的认知水平提供范例，并且视具体情况作适度指导。这样的读写结合才能够获得较好的效果。

三、互动中找寻原理

在读写结合中，有些写作形式在范文中是显性的。如通知、书信、借条、报道、请假条等应用文的格式，学生一看即明，教师无须唠叨，只要提供范例，让学生仿照着写，作后再订正即可。可有些写作技能知识是隐性的。如，让三年级学生学习按总分总的方式将某一内容描述清楚，根据三年级学生的认知水平，教师若不加点拨引导，他们并不会自发地注意到其中的原理，因而教师需在学生阅读范例时引导学生互动协助概括出它的总分总原理，再让学生按总分总写一段话，互评互学。像这类掌握隐性写作原理的读写结合教学，首次教学时，教师必须设计多向互动机会让学生得出新知识的本质属性，再结合观察某物或某景，边观察边写，将导、写、交流互动交融，才能发挥最大效益。

第三节　读写结合的形式

一、模仿式练笔

模仿是儿童的天性，在模仿中练笔也是"内化练笔"最重要的形式。而且，语文教材中的课文大都出自专家、名师精挑细选之作，它们在以丰富的人文精神和独特的情感魅力感染读者的同时，更以其优美生动的语言，灵活精致的表达，独具匠心的布局谋篇，为每一个学生提供习作的范本。及时引导学生运用读课文时所学到的知识进行习作训练，满足了儿童学习心理的需求，有利于他们巩固所学的知识，获取习作成功的体验。

"模仿式练笔"主要有如下几种方法：

（一）单项模仿式

"单项模仿式"就是仿照课文中某一个方面来写，如仿写课文中的一个句式，一个场面，一处景物，一个人的面貌、语言、动作、心理活动等。单项训练好比一台机器的零件，零件做好了，就能够为组装成一台好机器奠定基础。

（二）片段模仿式

"片段训练"是写作训练的基础和前提。它既是"连句成段"的终点，又是"连段成篇"的起点。它不必要求有明确的主题，完整的情节，也不必要求有严密的结构。因此，要加强片段的仿写，从仿写中使学生了解段的构成，逐步形成段的概念。段的结构形式多样：有总分方式构段的，如《鲸》一课的第一段；有并列式构段的，如《桂林山水》描写"水"和"山"特点的这两个部分；有因果关系构段的：如《蝙蝠与雷达》一课中的最后一段……对于这种构段方式的典型段落，是片段仿写的范例。如《桂林山水》中描写水的那一部分用了三个相同的句式描写了漓江水"静、清、绿"的特点，可要求学生用这样的句式来写一写家乡的一处景物。教师在教学中应精心选择课文中具有明显特征而且具有价值的精彩片段，引导学生"学别人的文章，说自己的话"。三年级是小学习作训练过程中的过渡年段，应多安排一些这样的训练。

读写结合是一门科学，科学需要探索；读写结合是一门艺术，艺术需要创新。在读写结合的教学操作中，我们应根据教学目的的要求，紧扣课文重难点，参考课后问题，设计恰当的小作文题目，让学生根据课文内容进行片段练习，从面加深对课文内容的理解，达到以写促读的目的。片段命题根据侧重点不同可分三种：

1. 整理组织、单项突破

有些课文或多人物，或多线索，篇幅较长，内容繁杂。可设计一些习题，让学生在习作中把某一方面抽出然后进行整理组合，集中突破。例如《地震中的父与子》一文将父亲的援救、儿子鼓励同学与回忆的内容交织在一起，造成学生理解上的一些困难。这可让学生以《了不起的父亲》和《了不起的儿子》为题写段话。学生要写这段话，就得通读全文，剔开无关的内容，将分散在各部分中有关父亲、儿子的内容抽出来思索，理出要点，再有条理地表达出来。围绕"了不起"来写，表现出父亲的坚持与儿子的博爱，使学生更完整深刻地认识，从而提高阅读效果。

2. 想象扩展，形象感受。阅读教学多数蕴含着丰富的社会内容和人生经验。教学时可让学生联系实际、合理想象，把这些内容作为段落的训练题。例如《桥》一文中，老汉为拯救村民而牺牲了自己与儿子，关键的那一刻作者只写了"老汉似乎要喊什么，猛然间，一个浪头也吞没了他。"留下许多空白。教学时可以《老汉的呐喊》为题写片段，学生就会联系前文，把老汉的心思具体化、形象化，既达到练笔的目的，又能更加完整深刻地理解课文。

3. 顺理续写，反思全文。有些课文结尾言虽尽而意无穷，让学生顺理续写，可以使他们去反思全文，加深理解。例如：教完《圆明园的毁灭》后，让学生写《重建圆明园》的片段，这时学生就必须回顾原文，彻底弄清事情的缘由，从而加深对课文的认识。

二、理解式练笔

很多学生害怕写作文，基础不牢固原因有之，生活积累不够丰富有之，教师系统训练缺失也有之，主要原因是在阅读教学中，没有让学生很好理解文本提供的丰富知识点，学生不能有效转换、内化成自己的语言，并留在笔下。作文三级转换理论认为，作文在本质上是把思维活动转变成语言表达的心理过程，在这一心理过程中，除了思维和表达两个因素外，还存在着一个极为重要而又常常被人们忽视的因素，即转换。没有很好地理解文本，转换这一个过程就会受阻。那么阅读教学中要珍视文本资源，选取易于调动学生语言思维的内容又可以轻易转化成为书面表达的内容来进行练笔。这种练笔方式可称之为"理解式练笔"。

从一开始写作文，老师就要求学生把习作写具体生动。虽然老师一再强调，但是仍然有许多学生没有办法做到具体生动，或者根本就不理解什么是具体生动，不知道怎样写才算是具体生动。实现具体生动的方法途径很多，修辞方法的掌握和运用不可缺少，如果说语句是文章的脸面，标点是文章的五官，逻辑是文章的神经，那么修辞是文章的衣衫。鲜活的比喻，真切的比拟，生动的夸张，有趣的排比，含蓄的双关语，聪明的重复，巧妙的设问等使文章语言表达得准确鲜明，生动有力，妙趣横生。阅读教学中修辞手法的选择和运用，直接告诉学生，他们又不感兴趣，怎么办？关键还在阅读教学中教师的为与不为，钻研文本的程度和设计的呈现方式，如果教师就课文中的某一种修辞手法挖掘出来，设计精当，呈现方式恰当，学生长久地体会浸染，是能学会运用的。

在阅读教学中，教师应发挥教材的整体性，从宏观上控制，微观上深化，在教学每篇课文时，能抓住读写结合点，扎实地进行训练，一课一得，得得相连，必能使学生自然而然地串珠成线，织线成片，获得真正的实惠。经过多年的教学实践，我认为用"仿、补、续、改、扩、套、引"的方法，联系课文指导写作，是提高小学生作文能力的好途径。既能使学生有话可写，激起写作兴趣，又能训练学生掌握不同形式的作文技巧，开拓想象力，从而达到提高作文能力的目的。具体做法是：

（一）仿。如学了《窃读记》和《走遍天下书为侣》后，讲一讲自己的读书故事，以《我和书的故事》进行仿写。

（二）补。如学了《小青石》后，指导写《可怜的小黑石》。要求学生补写小黑石"一个人留在岸滩上"的结局，揭示"只图个人眼前舒服，不求上进的人是没有好结果的"主题，让学生在训练中再次领会生活的意义。

（三）续。如学了《学会看病》后，指导写《我的看病经历》。要求学生续写向妈妈汇报我是如何完成看病过程的。

（四）改。如学了《金色的鱼钩》后，指导写《军事博物馆里金色鱼钩的讲解词》。

（五）扩。如学了《可爱的草塘》后，指导写《我又到草塘》，要求学生把"过去草塘的美丽"情景和"我"新的见闻情景及心理活动扩写具体。

（六）套。如学了《幸福是什么》和《翠鸟》后，指导写《我是幸福的》和《公鸡》。要求学生套用原文中心思想分别作文。写自己做了一件小事给别人带来了好处，自己从中领悟到"尽义务、做好事"就是幸福的道理；写公鸡怎样成长，怎样顽皮怎样打鸣的事，说明公鸡"有感情"。

（七）引。如学了《慈母情深》后，指导写《我的妈妈》。要求学生引用原文中的事例介绍妈妈，突出她"勤劳能干，支持我读书"的特点。

总之，联系课文进行作文教学，就像给学游泳的人戴上救生圈一样，有了安全感，他就能大胆地实践。当他掌握了本领，不但会自觉卸掉"圈子"，而且会"不恋浅滩爱深水"。

三、转换式练笔

当我们在慨叹学生作文难教的时候，如果利用课文的阅读另辟蹊径，帮学生见到由于主客观条件的限制而造成的难以亲自耳闻目睹的东西，让学生在开阔视野、积累知识、发展智力、提高文化素质的同时，转换课文的体裁，或者融入课文中变换角色，用种种奇思妙想给课文"换换装"，这样就能让学生接触许许多多的文章样式和种类，为学生写作提供良好的方式和借鉴，传授写作的原理和方法，告诉写作的规律和途径。

（一）图文转换式

小学语文教材是个图与文交织的大花园。把教材中形象的插图变为抽象的文字，或者把抽象的文字还原为无限丰富的内心图画，这样进行直观图画与书面或口头语言转换的思维，有助于加深学生对课文的理解，发展学生的想象力。例如《李时珍》是一篇人物简介的课文，其中关于李时珍为编《本草纲目》亲自到各地采药这一点在课文中虽寥寥几笔，却很感人，并配有一幅与之相呼应的插图。教学时，以《采药》为题，让学生仔细观察插图，把自然环境和人物的身份、语言、动作等描绘出来，写出或说出较完整的故事情节，既可以突出画面上反映的主题，又让学生深刻领会文章的内容。

又比如教学《翠鸟》后，让学生画想象画并写说明文字。具体实践中可围绕课后习题思考，根据课文第二段的内容能画几幅图画？让学生经过讨论，得出结论可以画两幅，一幅是翠鸟候鱼图，一幅是翠鸟叼鱼图。然后人人画图，述说图意，说说自己为什么这样画，说的时候注意突出翠鸟的特点。当然值得注意的是这里的图画不等于美术课的图画，美术课是在绘画技能上下功夫，而说写训练课上的画图只是一种辅助手段而已，要在语言文字的训练上着力，要有语文味。

（二）人物转换式

在教材中，蕴含着丰富的人物形象，引导学生把自己转换成课文中的角色，进行设身处地地想象，与人物进行对话，然后指导练笔。例如《田忌赛马》一文，是以第三人称来写的，可以叫学生进入角色，反客为主，即把自己当课文中的人，以我的口吻写这场比赛，题目就叫《我陪田忌来赛马》。

（三）结构转换式

把顺序改变成倒叙，或把倒叙改变成顺序。例如《柯里亚的木匣》一文是按事情的发展顺序记叙的，在弄清了课文内容和中心后，可进行变序组合：先写法西斯被赶走了，四年后柯里亚从喀山回到故乡，从屋门口数五步挖到了木匣；再追寻原来是如何埋木匣的。

（四）体裁转换式

同一题材，换一换表现手法，进行合理的创造性表述，与原作比比谁棒，这不仅可以增强学生习作兴趣，还可以提高学生的表达能力。如把《新型玻璃》改写成童话《玻璃兄弟》；把古诗改写成写景或叙事的现代文，如《赠汪伦》可以改写一篇以"送别"为内容的叙事文章。教学古诗《塞下曲》后，可引导学生大胆想象，围绕原作的中心增加对主人公李将军的外貌、神态、语言、动作等方面的描写，把四句古诗扩充成四段话，成为一篇传奇故事。

四、批注式练笔

新课标指出："阅读教学是学生、教师、文本之间对话的过程。"这就是说，阅读要以文本为中介，通过师生间的对话，激活学生的创造潜能，完成语言训练的任务。鲁迅先生提出，读书要"眼到、口到、心到、手到、脑到"，不动笔墨不读书。读书动笔，能够帮助记忆，掌握书中的难点、要点；有利于储存资料，积累写作素材；也有利于扩大知识面，提高分析综合能力。评点批注是学生在自主状态下用恰当的文字与文本进行的一种创造性对话。教师要把学生的读书批注当作课堂生成的宝贵的教学资源，鼓励学生借助批注开展阅读交流，真正实现师生、生生、生本之间的对话。因此，将批注式阅读引入小学语文课堂教学是新课标的需要，也是我们课堂教学改革的需要，更是学生有效地学习语文的需要。所谓"随文批注式"，就是指导学生在阅读过程中，随时在书页上用特定的符号或文字记下或写下自己读书所得、所感、所想，这样的随文练笔是进行课文导写常用的一种形式。

（一）课前预习写批注

课前要求学生对文本进行预习，即：用圈点标出文中的生字；用分开号标出文章的段落；在不明白的词、句旁标上问号；用线条标出自己喜欢的词、句；等等。这样能激发学生的学习兴趣，培养学生认真读书的好习惯，更为课堂学习和讨论作了充分的准备。

（二）课堂学习写批注

在"隐性"的指导中借助课文情境，基于文字、超越文字，给学生提供适合各自发展的思考与练习的机会。例如：

（1）《棉鞋里的阳光》一课：妈妈说棉被里有很多棉花，让阳光钻进棉被里，奶奶盖着就暖和。于是小峰想："奶奶的棉鞋里也有棉花……于是，他轻轻地把奶奶的棉鞋摆在阳光晒到的地方。"这里小峰的想法省略了，我让孩子们把小峰的想法补充在这个句子的旁边，孩子们很快补充出来了——"让阳光钻进棉鞋里，奶奶穿着就暖和了。"

（2）学习《圆明园的毁灭》中火烧圆明园一段，在了解了八国联军的罪恶行径及带来的损失后，让学生在段落旁补充：这把火烧毁了圆明园。

（3）学习《世纪宝鼎》一课中描写鼎的大小、样子后，让学生在插图上直接标表出鼎的各部分的长度。

（三）课后拓展写批注

一篇文章学完了，作者的思想、感情已经深深地印在学生的脑海里。学生深受感染后或多或少都会产生各种各样的思想或情感。假如教师能适当地加以引导，学生便会文思泉涌，跃跃欲试。例如：体会文章的思想感情后，让学生在课题旁作批注。

于永正老师说过："阅读教学中写的训练，不应游离于课文之外，要使它成为阅读教学中的一个有机组成部分。"很显然，如果我们能以课文为写作的突破口，及时地把写作训练方法有机地揉进阅读教学，就能进一步发挥课文的"典型"优势，使学生学以致用，举一反三，实现读写结合。以求发展学生的思维，培养想象和创新能力，激发写作兴趣，促进写作能力的提高。

第四节　读写结合的注意点

一、激发大胆想象

及时有效进行读写训练。古人把阅读比作根，把作文比作叶，根深才能叶茂。这一形象比喻说明读书是学生摄取作文知识的重要来源之一。故而学生的阅读要精深，不单在现有的句段方面，还要领悟文章的思想内涵，并就此引导学生展开联想或想象写下来。如此，既可以拓宽对课文的阅读理解，又增加写的训练机会，提高了读写训练的效益。

二、明确学段目标

一年级的读写结合训练应以字词为重点，从句入手，侧重一句四素俱全的写话训练；同时应注意充分挖掘教材中的说话、写话的素材，与看图识字学文相结合进行说话训练，为写铺垫、有梯度地先设计两素句（人称、事件），再由两素句过渡到三素句（人物、事件、时间或地点），为学习四素俱全的句子作了铺垫。二年级应以词句为重点，从句入手，侧重各种句式训练；二年级应该掌握的句型：把字句，被字句，感叹句，拟人句，描写句，简单的排比句等。三年级应以句群为重点，从段入手，侧重句群和构段训练；三年级要掌握的句群结构：总分式、并列式、承接式、因果式等。四年级要以段落为重点，从篇入手，侧重行文顺序和写景、叙事方法的训练；四年级要掌握的行文顺序：总分总、概括＋具体、按事情发展顺序、按时间先后顺序、按地点转换顺序；五年级要以段落为重点，从篇章入手，侧重构篇训练和写人、叙事方法的训练。六年级要以培养学生自学自得、自作自改能力为重点，进行综合训练。

三、促进互动产生

美国教育专家格雷夫斯认为写作教学中学生的写作过程是教师和学生互动的过程，其中选材、构思、谋篇、加工无不掺和着教师的指导与同学的讨论以及学生自我反省与调整，这些对于学生的作文及其成功以及后续的发展都产生重要的影响。

作文教学中的互动往往体现为师生、生生、学生个体与群体之间多向思维碰撞，这有助于激起学生"头脑风暴"。而学生置身于这样一种情感、思想、知识的互动场中，不仅可以发现不同的思维方式、情感表达，更可以有不同认识，相互排斥、冲撞、融合、认同的过程，这个过程正是学生掌握知识、提升能力的过程、正是学生生命成长的过程。那么，课堂教学中如何促进互动环节的产生使每一个学生的写作能力在互动中得到最大限度的发展呢？

（一）在多方交流中，提选素材，开拓思维

小学生对自己做过的事或接触过的人往往不注意观察，也往往不把它记挂心间，经历过的事或接触过的人往往回忆不起来，造成作文无米下炊，针对上述情况，可以采用多向交流互动的方式，提选素材，开拓思维。

例如：在学习人教版第七册关于"爱"的主题单元之后，有一份习作练习要求学生写写生活中亲身经历过的"爱"的故事。开始学生所谈的都是有关父母关心爱护子女的事例，思维局限性很大。为了打开学生的思路，老师娓娓动听地叙述了自己小时候老师关心爱护他的一件事。儿童心理学原理告诉我们：小学生富有好奇心，最想了解老师小时候的事情，当教师讲述自己亲身经历，学生头脑里就会立刻产生共鸣：我有没有像老师这样的事呀——好奇激起阵阵涟漪，记忆的闸门就打开了，各种各样真实的材料涌现出来。而后，针对学生好的素材，教师不遗余力地予以夸奖，激发其他学生进一步回忆、搜索，对于不够确切的素材，进行集体评价或点拨引导，以便让学生进行及时的调整，最大限度发挥师生各方的优势，提高选材的质量。

小学生选材大多不善于从生活中寻找富有情趣的材料，而当学生置身于课堂老师所营造的互动场中，在同学交流启发下，许多素材会一一呈现在学生的脑海中。这时候，很多学生便会无所适从，应该选哪一个来写。对学生而言，素材是有难易高下之分的，有些复杂的事件，小孩子本身就认识不清，体验不深，又怎能具体生动地进行描述呢？所以这一环节中，教师应充当组织者、引导者，尽可能地为学生提供合作探究的空间，鼓励学生各抒己见，积极探索，大胆求异，把提取的素材一件一件进行反复比较，选择其中感受最深刻、认识最清楚的一件来写。比如前面这个例子中，有一个学生一连想到了三件事：在灰心失意时同学的一句鼓励的话；考试的紧要关头同学借他橡皮；自己几次三番想抄同学答案，遭到同桌的呵斥。怎样指导学生进行合理的舍取呢？教师首先应当引导学生本人进行自主探究：这三件事哪一件印象最深刻、感受最深；然后引导班级其他学生谈谈：你认为这三件事中，哪一件事最容易写好，写好后最能给人留下深刻印象；如果是你，你将选择哪一件来写。互动讨论的结果是第三件，除了题材新颖（呵斥也是爱）之外，还有事件本身有波折、有趣味，容易写好。后来那位学生写的《同桌的呵斥》，果然情真意切，写得相当不错。

（二）在多重碰撞中，提炼主旨，发展语言

如果说提选素材解决了作文中"写什么"的问题，那么提炼主旨，就是解决怎么写的问题。主旨即文章的中心意思。一段话一篇文章往往是围绕一个中心意思展开的，而小学生作文往往"脚踩西瓜皮，滑到哪里算哪里"。中心意思不明确，"形散意也散"。有些学生即便想好了中心意思，在具体操作时，怎样很好地表达出中心意思，心中是模糊不清，而且是没有计划的。所以写着写着就写偏了、写跑题了，这种情况时有发生。新课程提倡自由表达、个性作文，并不排斥作文基础知识和基本技能的落实，因为自由作文也好，个性化作文也好都必须建立在作文基础知识和基本技能之上的，如怎样审题、构思、谋篇、分段等，作文的基本技能不具备，学生又怎么能写出有个性的文章来呢？因此，笔者认为作文的基础技能训练必不可少，这对发展学生的语言起着重要的作用。所以在动笔之前有必要通过课堂教学中的交流，进行多重的思维碰撞，在碰撞中促使学生提炼主旨，发展语言。

（三）在多向品评中，提高能力，提升人格

人性最深刻的原则就是希望别人对自己加以赏识。成人如此，小孩子也不例外。他们辛辛苦苦完成的作文，成就动机会强烈地促使他们急于知道老师和同学对他的评价，渴望自己的劳动成果得到老师的认可，同学的赏识。如果这种心理得到满足，尝到写作成功的甜头，他们就会越写越爱写，产生强烈的写作愿望。新课程标准要求我们要成为学生自主化学习的促进者，引导学生先自品自评，再共品共评，最后互品互评，在多向品评中，把同学的作文看作是一段故事、一次经历、一种感受、一场感动，把"品"作文"评"作文当作是在经历他们的故事，在倾听他们的心声，在体会他们的感受。如果老师们能多一点赏识，多一点尊重，多找别人的长处，多提建设性的意见，这样就可以很好地达到作文教学的目的——学作文、学做人，文见其人。师生、生生在多向品评中达到心灵相通，体验作文的乐趣，体会成长的快乐，提升写作能力，提高自身素养。

四、指向写作功能

"指向写作功能"的阅读课，不等于传统的"读写结合"。"读写结合"的"写"，大都是理解内容的一种形式，"写"为"读"服务；而指向写作功能的阅读课，倒过来"读"为"写"服务，内容理解是基础工作，理解写作上的奥秘才是重点工作。如四年级下册有篇课文《第一朵杏花》，文中有一段竺可桢和小孩子的对话，对话中省略了一些提示语。课堂上某老师请学生给这段对话增添提示语，以此来体会竺爷爷和小孩的心情。"写"的目的，是促进学生对内容的理解。很多老师总是挖空心思在文中找空白点让学生去写，尤其喜欢给文中未加提示语的语言加上提示语。我们认为，真正的写作，是有感而发，写自己的笑、自己的哭、自己的闹、自己的叫。上面例子中的"写"就显得太单调，长此下去，学生的写作意识、写作概念，会发生严重的偏差。《第一朵杏花》写了两次杏花的开放。第一次，竺爷爷和小孩的对话，提示语花了心思；而第二次，文中省略提示语，不是作者不会写，而是故意不写。小孩完成了竺爷爷的任务，何等兴奋、急切；而竺爷爷呢，多年来，一直没得到第一朵杏花开放的精确时间，这次意外收获，也急切、兴奋。省略提示语，对话急促、急切，此处无字胜有字。因此，指向写作的阅读课，要再往前走一步：大家会添提示语，作者不会吗？作者为什么不写呢？不写的奥秘，才是真奥秘。不杀个回马枪，学生理解了内容，却误解了写作。一直以来大家所理解的"读写结合"，大都为"写"而"写"，缺乏一个明确的目标，总以为只要让学生动笔写了，就是在培养学生的语言表达能力。平常的着力点总在"写的内容"方面，基本都是在为理解课文内容服务，而不是探寻文中的、适合学生的写法。因此，要重新认识"读写结合"，指向写作的阅读教学要把握五个要点：

1. 再"简单"的课文也值得教；
2. 从"写什么"转向"怎么写"；
3. 从"字词句"转向"段与篇"；
4. 从"朗读为主"转向"默读为主"；
5. 从"单边单向"到"多向互动"。

对于高年级的语文课堂，在教学目标的制定上，其实内容理解应该是基础性工作、辅助性工作；写作奥秘才是重点工作、难点工作。由此，研读教材的视角、精力分配，有可能会发生重要的变化。如在教

《爱之链》这篇课文，六年级的学生应该能很容易读懂这篇构思精巧的小说，对于故事中三个主要人物之间的关系也能梳理清楚。课堂教学分四个环节："写什么""怎么写""为什么要这样写，而不那样写""这样写的用意是什么"。老师关注了"小说"这个体裁，环境描写是小说的三要素之一。在第四个环节"这样写的用意是什么"中，老师设计了以下几个问题："小说一开始写的环境是乡间公路。哪个词最能概括你对这个环境的感受？""作者选取了哪些景物来写这个凄凉的环境呢？""你知道为什么要选择这样一些景物、写这样一个环境？""为什么不选择早晨，阳光明媚的天气，平坦的公路，奔驰牌汽车？"在此基础上，老师进行小结："这叫环境衬托，凄凉的环境衬托凄凉心境。"最后，老师还要求学生根据结尾"一切都会好起来的"进行续写，提示学生"可以选择哪些事物或景物，来体现一切都会好起来的"。可以看出，老师这样教学不仅引导学生走进文本领悟环境描写丰富的内涵和形式，更引导学生走出文本，指导学生"如何进行环境描写"的方法，在写作实践中巩固了表达的技巧，真正做到了学以致用。

读后感的练写是作文指向的课外阅读最为常用的手段。下面是孩子们阅读《鲁滨孙漂流记》一书后的习作：

做乐观的人
——读《鲁滨孙漂流记》有感

鲍　珂

鲁滨孙这个名字如雷贯耳，全世界都知道他，而且他已然成为许多男孩心中勇敢的象征，努力的方向。

他是《鲁滨孙漂流记》中的主人公。那荒无人烟的海岛，那汹涌澎湃的沙滩，是鲁滨孙的领地。他走在时间的领土内，却被遗弃在世间的角落，因为他过的还是原始生活。他是在一次海难中侥幸生存的人，却被留在孤岛上。他自己打措、捕鱼、种粮食，过了整整20多年。幸运的他终于搭上一艘轮船，返回了家乡。

读完整本书，我思绪万千。我最欣赏他的不是勇敢，不是机智，也不是勤劳，而是他那从容乐观的心态。乐观是精神的"天堂"，是黑暗中的那一缕光明。花儿虽饱含着热情、勇气和旺盛的生命力，但缺少了乐观的心态，便不会开花生长。只有具备鲁滨孙那般意志，才能灿烂地开放在春天里。

乐观影响着一个人的一生。有的人生命里只是灰蒙蒙的，心情低落无所作为；有的人生命里到处充满阳光与鲜花，使人流连忘返。正是鲁滨孙这种乐观的心态，使他能在岛上生活28年，甚至后来回到故乡。

我们要学会看到自己生活中的光明面，少看生活中的黑暗面。在世界最深的马里亚纳海沟深处，有一种安康鱼。它的背上生长着一种发光器，照亮它永远暗无天日的生命。比起安康鱼，我们可是幸运得多！日月星辰、山川平原、飞禽走兽、花鸟虫鱼，上至至高无上的皇帝，下至低等卑微的菌类，这点寂寞算得了什么？1.1万多米深海的安康鱼都没放弃生存，我们又何言绝望？所以说，我们不应该轻言说放弃，应该乐观向上！

生命的阴晴圆缺取决于对生活的态度。乐观是一轮太阳，照亮每一个细小的角落。只有你乐观，才能成就事业，成就人生。也许生活并不是一帆风顺，合你心意，只要你乐观一点，世界也并不是你所想的那么糟糕。

勇气撑起一片天空
——《鲁滨孙漂流记》有感
胡 益

每当我看到那些在风雨中昂首挺胸的花草，我就告诉自己要有勇气，像它们一样有勇气战胜困难。今天读了《鲁滨孙漂流记》更是让我记住了这句话。

《鲁滨孙漂流记》这本小说全篇着重描写了鲁滨孙在一个荒岛上，通过自己的劳动，克服了重重困难，最终战胜了险恶的环境，与土著人"星期五"共同回到了家乡，过上了幸福生活的故事。

鲁滨孙的奇迹，有人说他坚强无畏；有人说他拥有非常人的智慧……但我觉得，他和常人一样，并没有什么惊人的本事。他能在如此险恶的环境中久久地挣扎，全靠他的勇气，克服困难的勇气，克服恐惧心理的勇气，更有面对现实的勇气。他，一个身陷绝境的人，竟能勇敢的面对生活，创造生活，勇气之火，在他的体内得到了充分燃烧：勇于面对现实，改变现状，自己拯救自己。

现代社会，像鲁滨孙这样的英雄已经渐行渐远，我们当代学生的勇气似乎已经"透支"了。我们不可能再经历鲁滨孙这样的磨难，因为"蜜罐温床"里长大的00后，碰到一点点芝麻绿豆般的小事，就开始哭天喊地了。温室里的花朵——不堪一击。有的学生受到了一点打击就离家出走，就自残生命。比如说：一个男孩，15岁了，每次考试都是倒数第一。每天他都生活在老师的责骂，同学的嘲笑，父母的毒打之中。他最终选择了离开，离开了这个世界。人生之路十分漫长，并有无数困难，怎么能被区区一个困难打倒？退一万步讲，这种祖国"花朵"又有何用呢？我很欣赏《亮剑》中的一句话："狭路相逢，勇者胜！"心理脆弱，缺少勇气，是我们这代人的通病。

胜利的鲜花，从来就是在风雨中绽放；荣誉的桂冠，总是在斗争中用荆棘编织；生命的春天，本应用勇气之水浇灌。努力啊，和鲁滨孙一样充满勇气！努力啊，祖国的花朵！努力啊，我们这些00后！

逆风之蝶

——读《鲁滨孙漂流记》有感

胡旭浩

《鲁滨孙漂流记》一书讲的是鲁滨孙海上遇难，被冲到海岛边。他自力更生建起容身帐篷，种下庄稼，圈养山羊，努力地生存下去。还从食人族手中救下"星期五"，最终回到了英国的故事。

转念一想，鲁滨孙又何曾不像一只逆风的蝶，迎着困难奋力飞向光明的未来。其实，大家都可成为这只逆风的"蝶"。

做逆风的蝶，像汤姆·索亚一样勇敢，在印江·乔埃面前，揭露坏人的恶行；在空气稀薄的山洞，带着贝琪勇敢走出山洞；与小伙伴一起出外当"海盗"，不畏惧野外的危险。

做逆风的蝶，像玛丽亚一样机智，在伙伴遇险之时，用所学过的知识来解救同伴，并小心翼翼，在自我保护的前提下救出伙伴。

做逆风的蝶，像苏武一样坚强，被困在地窖里，却仍不投降，渴了就吃雪，饿了就嚼毡毛。被带到北海，饿了就掘取野鼠洞里的草籽来充饥，仍坚决拒绝投降。

做逆风的蝶，其实人人都行，只要你有勇气、机智和坚强的信念，你遇到鲁滨孙的情况，也可以表现得与他一样，甚至比他还要更好。

人不论何时何地，不管遇到多大的困难，都不能被困难吓倒，要勇敢地面对困难，克服困难，始终保持一种积极向上、从容乐观的心态，去面对和挑战厄运，做一只逆风的蝶。只有这样，才能像鲁滨孙那样，永远是一个胜利者，永远能驾驭困难，使其大则化小，小则化了，使困难永远无法阻挠你。

我们要成为"逆风的蝶"，迎着大风，拍击翅膀，展翅飞向更加美好的明天！

第三章

跨学科整合模块

当前各国教育改革，无不把跨学科课程作为改革的重要一环。芬兰主题式教学就是跨学科整合的一种积极尝试；美国的 STEM 教育也是理工科领域的跨学科整合探索。2018 年的《地平线报告》也专门将跨学科研究作为教育领域的发展趋势，重新思考教育工作者的角色。我们也在积极尝试根据作文教学本身所固有的特性，将其有机整合到跨学科的学习中，试图打破学科壁垒，在发挥语文学科独特育人功能的基础上，充分发挥学科间综合育人功能，以提高学生综合分析问题、解决问题能力。

第一节　厘清概念

一、定义跨学科

在跨学科领域，学界有四种广泛认同的跨学科定义，我们可以从中正确理解跨学科的概念。第一个定义是由戴安娜·罗顿（Diana Rhoten）、马克·秦（Marc Chun）等人在《文科类院校的跨学科教育》（Interdisciplinary Education at Liberal Arts Institutions）中提出的，他们将跨学科教育定义为：一种课程设计与教学模式，由单个教师或教师团队对两门及以上的学科知识、资料、技术、工具、观点、概念或理论进行辨识、评价与整合，以提高学生理解问题、处理问题、创造性地使用多学科的新方法解决问题的能力。第二个定义是由维罗妮卡·曼西拉在《在学科交叉路口评估学生作品》中提出：整合两门及两门以上的学科知识与思维模式以推动学生认知进步的能力，例如解释现象，解决问题，创造产品或提出新问题。第三个定义是由美国国家科学院在《促进跨学科研究》（Facilitating Inter-disciplinary Research）中提出：由个人或团体对两门及以上学科的信息、资料、技术、工具、观点及理论进行整合的研究模式，为了提升基本认识或解决问题，而那些问题的解决方案通常超出了单学科或单个研究实践领域的范畴。第四个定义是最权威的定义，是由艾伦·雷普克在《如何进行跨学科研究》中提出：跨学科研究是回答问题、解决问题、处理问题的进程，这些问题太宽泛、太复杂，靠单门学科不足以解决；它以学科为依托，以整合其见解、构建更全面认识为目的。

从以上定义中，我们不难看出跨学科整合概念的几大要素：

跨学科整合要以现实问题的研究和解决为依托；

跨学科整合要以学科为依托，但要超出单学科研究的视野，关注复杂问题或课题的全面认识与解决；

跨学科整合要有明确的、整合的研究方法与思维模式；

跨学科整合还要为了推动新认知、新产品的出现，鼓励跨学科基础上完成创新与创造。

二、区别多学科

在操作过程中，很多人都自觉不自觉地把多学科和跨学科混为一谈。多学科通常指两门及以上学科的见解并置于一起。比如很多学校都针对"水"做了主题课程，各学科老师基于自己的学科分别介绍其相关的课程，语文老师介绍与水有关的诗词、文化，物理老师介绍水的三态变化，生物老师介绍水对于生物体的巨大作用，地理老师介绍水在地球系统中的重要作用。但课程到此为止，不进行整合，学科间是相邻关系。多学科课程好比一盘水果沙拉，不同种类的水果只是被沙拉酱混合在一起而已。而跨学科恰恰要求有真正意义上的整合，并且选题更加具体。前文提及美国国家科学院在《促进跨学科研究》（Facilitating Interdisciplinary Research）中专门指出：不是仅仅把两门学科粘在一起创造一个新产品，而是思想和方法的整合，那才是真正的跨学科整合。因此，单纯的主题学习课程并不是真正意义上的跨学科整合课程。因此，围绕水这个话题，我们可以从现实情景中提炼出更多的跨学科课程研究的视角，进而整合成全新的课程。如：水的物理化学性质与生产生活；水与生命的关系（动物、植物、微生物）；水与地球的各个系统（大气、生态、地质、气候、土壤、热力）；水资源研究（淡水、污水处理、灌溉、净化、污染、再利用）；水资源管理（水坝、节水、发电、引水、现代农业、雨水收集）；水与社会、经济的相互作用（价值观、城市、运动、信仰、治水、航行、运输、运河、起源、一带一路、国家边界、迁徙、战争）；水与文化的共生（艺术、语言、风俗、音乐、茶艺、庆祝活动、诗歌、摄影）。

三、整合的意义

跨学科整合是一种特殊的教学形态。一般来说，学校是按照一定的课程或者学科对知识技能分门别类进行教学的，有着清晰的"学科"边界。而跨学科整合教学，就是不同程度上超越了原有学科的边界，实现交叉、整合和融入。跨学科整合教学有利于解决学习中一叶障目、瞎子摸象的弊病，有利于解决教学中学到的知识零散片段和刻板僵化的不足，实现高层次的教学目标，如培养批判、推理和决策能力，问题解决能力，协同合作能力和沟通交流能力，还有利于培养系统思维、设计思维、工程思维、技术思维、科学思维、形象思维、视觉思维、艺术思维、数据思维等。跨学科整合教学之所以出现并成为中小学校教学改革的"宠儿"，自有其意义所在。

（一）跨学科整合教学体现了学生发展核心素养的要求

2016年9月，北京师范大学课题组发布了中国学生发展核心素养，分为3个方面，6大素养，18个基本点，从中观层面系统回答了"立什么德、树什么人"的根本问题。中国学生发展核心素养的发布以及依据核心素养系统推进中小学课程、教材、教学改革标志着我国基础教育进入了以"核心素养"为标志的新时代。跨学科整合教学从本质上而言，是要突破学科固有的知识体系藩篱，实现学科间的有机融合，落实学科核心素养、培育学生发展核心素养服务。

（二）跨学科整合教学彰显了学校课程改革的深度

当下，很多学校课程改革已经突破特色课程建设的初级阶段，转而进入学校课程的整体建构阶段。即站在"整体育人"的高度去顶层设计与思考学校课程体系，根据学校的育人理念、育人目标去整体设计、组合课程，统筹考虑课程实施的方式、评价方式，发挥课程育人的特殊功能。跨学科整合课程从本质上而言是学校基于育人目标和育人理念的对国家课程、地方课程、校本课程的重新设计和组合，是学校课程发挥整体育人合力的重要"助推器"。

（三）跨学科整合教学蕴藏了对整体发展的人的关照

人是社会的一分子，是一个复杂的有机体。有机体的基本特点在于整个机体是由各个部分组成的，而且各个部分之间又是相互关联、相互制约的，任何一个部分出了问题都会危及整体。同样，人以及人的全面发展也是如此，需要协调与共生。跨学科教学为人的学习提供了一种新的视角审视、新的方法探析以及新的世界开拓，其本身就是联系、协调、有机与共生的。中小学推进跨学科教育的实践是多元的，如不同学科间跨学科教学、STEAM教育、项目学习等，在落实上有的采取进入学校课程表的方式系列推进，有的采取活动课程的方式零星推进，有的结合社会实践、研学旅行"混搭"推进等。实践不同、落实推进各异会影响跨学科教学的实践效果与育人功能。

第二节　设计理念

一、整体性思维

整体性思维要求整体设计学校的跨学科教育教学实践，既要警惕跨学科教学与学科教学的冲突，避免学科知识体系目标未达成、跨学科教学融合不同学科内容不达标的窘状，也要对学校跨学科教学基于学校育人目标、育人理念的筛选与甄别，做到跨学科教学是为了达成学校育人目标而设计和实践的，而非为了跨而跨。

二、科学的任务驱动

跨学科整合教学具有很强的情境性，是基于一定情境达成某一学习任务的教育过程。因此，科学的任务设计和驱动是关键。跨学科教学在整体设计和实施的过程中，需要基于不同学科的目标要求、学生发展的真实需要、现有的教育资源、时间（如以四季为主题）等进行结合并统筹设计，设计出一系列的探究性任务和主题。

三、多向互动的协同性

跨学科教学是超越学科本位的，其重点是任务的解决与完成，它强调的是同伴之间、师生之间以及师生综合运用各种教育资源的探究、实践或创新。因此，人与人的协同、人与物的协同、人与自然的多向互动的协同性是开展跨学科教学的关键。

四、以学生为中心的实践

跨学科教学重在体验与生活化,其课程哲学是儿童活动经验的教育哲学,是以学生为中心的课程设计。实现以学生为中心的思考跨学科整合教学,有赖于各个学科教师之间的通力合作。具体来讲,要把握以下几点:

(一)选择一个适当的主题

主题是在不同学科之间建立起桥梁的关键,主题好比是一个树干,将不同学科的内容串联起来了。跨学科教学要用项目、主题、任务或工程等来统领。要聚焦完整的教学目标。教学目标应该体现认知、情意、价值感、元学习、动作行为和社会交往等方面的综合性要求。在表述教学目标时,采用内部心理结构变化和外部行为相统一的方法,内外兼修、表里贯通。要提出一个具体的表现性学业任务。这样的学业任务,不是一些细小的或者笼统的学习要求,而是集理解意义、解决问题和学会迁移于一体的学习方案。如《做纸花》,教师先分解示范,然后让学生也像老师一样,边做边自言自语地配"制作说明",这样动手、动脑、动口同步,思想、情绪、语言恰好汇合在一条直线上,卡住时,随机向旁边同学咨询,同时每个学生的口头制作说明也将时时启发旁边的同学,再加上教师的巡视辅助,学生们不仅知道了纸经过捻、剪、折等方法,可制成美丽的纸花,也明白了如何为小制作配制作说明。

在上面的基础上,教师再启发学生利用技法变通,创造出各种各样的纸花,然后让学生为自己创造的纸花配上"制作说明"写下来,有绘画特长的还可以配上简单的图解。这样,说写练习就成了做纸花的有机组成部分,自然地渗透在了整个手工制作教学过程中。

在学生完成纸花制作后,还可让他们进行插花,再举办纸花展览会。要求学生给自制的插花展品写一份介绍:第一行的中间写上展品的名称,如"金鸡报晓""天女散花""百花争艳"等,字要写得稍大点,下面写出简要说明。教师可引导学生抓住展品的形状，适当运用比喻、拟人等手法，展开合理想象，把展品的特征写清楚，还可简要介绍一点展品的制作过程，然后再组织学生练习当好讲解员。

展览会后，再让学生选取自己感受最深的部分，自定题目写作。角度、文体、字数一律不限。学生们热情高涨，有写《快乐的手工》的，有写《美丽的纸花》的，有写《我有一双小巧手》的，还有写《展览会盛况》与《我当解说员》的，内容丰富多彩。

这时候，我们可以看到，通过表现性学习任务，可以将完整的学习过程贯穿起来。学习过程就成了将学到的知识技能和其他素养用来解决新问题、展现新本领的大好时机。

（二）促进学生主动学习

让学生主动学习积极建构意义，大力减少记忆类的内容，将焦点放在理解、应用、评价和创造上。让学生多参加项目型的独立学习与合作学习，来解决真实世界的问题。合理吸收翻转课堂的先进经验，给学生比较充分的自学和小组活动的时间，在课堂上留出更多的时间让同学在小组内和小组间开展探讨、交流、质疑、展示、分享和互助等行为，将传统的内化课堂改造为内化和外化相协调的学习体验室。

（三）注重学科教师之间的合作，包括采用一定的分工协同和协作教学。我们已经习惯于教师一人个体劳动、独立面对整个课堂的场景。但是，在跨学科教学中，完全有可能、也有必要开展不同教师之间、不同教学场景和不同教学时间的协作。不仅教师之间，也包括教师和学生之间、教师和家长之间、教师和其他社会教学资源之间的互动协作。

（四）重视学习资源的合理利用

包括普通教室和专用教室、书面资料和消耗用品、实验器材和信息技术工具、走出去考察和请进来报告等，都应该在项目计划中考虑周全，同时也在实际施教时灵活调整。

（五）展现教学的开放性

跨学科教学要打破空间上的限制，如果空间上还是限制在常规班级里或专业教室里，如果没有网络与信息技术，教师的协同就比较困难。开放性不仅体现在学习过程开放，同样，也要对学习结果开放。这样一来，对学生的跨学科学习评估，就不仅只是书面考试，更应有表现性评估，有合作的作品。小组或者团队作业本身能体现出"跨"，就展现出不同学科之间的整合。

第三节　实践形式

一、STEM 教育

STEM 教育是全球许多国家都比较认可的跨学科教育模式。大家还会常听到 STEAM 教育，就是在 STEM 教育的科学、技术、工程和数学之外再增加了 Art，又多跨了一个知识领域，更有人建议加上作文变成 STEAMS，因为整个过程中的互动、交流、展示、分享都离不开说与写等写作功能。STEM 教育的核心特征第一是跨学科，这是 STEM 教育最为核心的特征，强调多学科知识的综合应用；第二次体验性，强调学生动手动脑，学生深度参与学习过程；第三是情境性，强调把知识还源于丰富的生活，在群体协同中相互帮助、相互启发、进行群体性知识建构；第五是设计性，学习产出环节包含设计作品；第六是探究性，强调探究过程，而不是简单的模仿。

（一）STEM 教育的起源

STEM 这个概念源于美国，是美国科学教育学者最早于 20 世纪 50 年代提出的科学素养概念，并得到了其他国家科学教育学者的普遍认同。提高国民科学素养被公认为是提升国家综合实力的关键。2007 年，美国国会提出"针对 STEM 教育的活动计划"，STEM 教育被提升为国家级的教育改革举措，对全球各国产生了巨大的影响。

（二）STEM 教育在中国

中国教育部在 2017 年 1 月颁布的新《小学科学课程标准》被认为是"首次定义了中国版的 STEM"。"新课标"对 STEM 的解释为：科学（science）、技术（technology）、工程（engineering）与数学（mathemetics）即 STEM 是一种以项目学习、问题解决为导向的课程组织方式，它将科学、技术、工程、数学有机地融为一体，有利于学生创新能力的培养。"新课标"对 STEM 概念强调在于跨学科，项目制学习，以及解决问题这三个特点，相比其它国家和以往的说法，新课标更强调创新能力的培养。

（三）STEM 教育实践——双师在线课堂

我校正在进行的与新西兰奥克兰丘吉尔公园学校开展线上双师合作项目学习，以 STEAM 的理念为起点建构的一个合作活动。双方先确立了一个试点班级，同步联网互动学习。我们共同选取的是以奥克兰 2021 年美洲杯帆船赛为项目主题的内容，线上教学的主要流程（六节课）包括想象→设计→制作→改进→分享→反思，其他内容则在线下实践。两校学生在老师的引导下做计划，学生通过回顾之前网上搜索的数据，并思考制作一艘帆船的最佳方案，并在小组活动中讨论和交流。随后，中新双方学生通过网络视频实时分享各自小组讨论后的船只设计方案，并记录在设计模板单页上，最后形成了富有创意的实践作品。中新双师在线课堂，以新西兰教师为核心，中方学生通过观看课堂直播与新方学生共同开展 STEM 创新实践课程，通过实时互动反馈，全方面培养学生的创新思维和动手能力。这样的学习方式将 STEM 创新研究性学习的精神内核融入学生校本课程建设中，促进课堂教学转型升级，实现跨学科整合和优势互补，为孩子的成长提供了最大的空间支持。

从跨学科双师课堂的初步尝试中，我们真切感受到，跨学科整合教学除了对学生的能力素质提出新要求外，更对教师提出了更高的要求。教师需要从以下三个方面予以理解和推进：一是教师观念的转变，教师要有课程创生者的角色定位，教师的角色从主导地位转变为学生活动的监管者、启发者，这是从形式到实质的转变，对教师是一个挑战；二是教师之间关系的处理，跨学科教学强调的是教师彼此之间的合作，着眼于充分利用教师之间的异质性，各科教师从自身学科出发，提供自身见解，促进有效合作的开展，也促进教师之间的相互学习；三是教师和学生之间的关系，在跨学科教学中，教师要对学生进行更多指导，要注重师生之间的对话、交流、沟通和合作，更好地促进学生全面发展。

附：STEAM 项目计划书

一、STEAM 项目背景

自 2014 年宁波—奥克兰教育联盟及校长委员会成立以来，宁波与奥克兰两市在教育与文化方面已经积累了较深的交流基础。通过定期互访，两地姐妹学校、友好学校之间的合作关系日益巩固。2016 年下半年和 2017 年上半年，第一期和第二期创新课堂如期在中新师生间展开。结合新西兰"InquiryLearning（研究性学习）"的授课方法，极具创新思维与想象力的《火星城市计划》以及《少年旅行家——创新拥抱多元世界》课题激发了双方学生的创新思维与相互学习的热情，并获得新方高度评价。

为了提高中新学生的综合素质，进一步共享双方教学资源，深化友好学校之间的互动，并为跨国互访提供富有意义和深度的交流基础，宁波—奥克兰教育联盟委员会在前两期研究性学习课题的基础上，加入STEAM 课题，以双师课堂的形式开展，培养学生创新思维和动手能力。"STEAM"是科学（Science）、技术（Technology）、工程（Engineering）、艺术（Arts）及数学（Mathematics）五个学科的首字母缩写，是"后设学科"，是基于不同学科之间的融合然后形成一个新的整体学科。

STEAM 教育重在培养学生的创新思维和实践能力，让学生思考如何把科学和理性融于生活，综合运用跨学科的知识，去探究世界。

二、STEAM 教学模式

1. 提问：确定问题，并用你自己的话再写一遍这个问题，接着问自己为什么解答这个问题很重要。

2. 思考：头脑风暴出你觉得有可能的答案，然后去学一些相关的知识来为解决问题做铺垫。

3. 计划：选一种学习方法，构建出一个作品。

4. 创造：制作一个粗糙的作品原型，看看这个原型是不是和你计划的一样。

5. 测验：根据自己搜集的数据评估，打磨自己的作品，看看完成了哪些，欠缺哪些。

6. 提高：提炼打磨你的作品，并问自己可以如何提高。

7. 分享：你用了哪些步骤做出了该作品，如果让你再做一次可以有什么改变。

三、课程总览

（一）课题：Boat Building 船的制造

（二）周计划

第一周：学生根据收到的任务在老师的引导下为自己的作品做计划

第二周：制作作品的最初版本

第三周：根据建议和反馈尝试解决最初版本中出现的问题

第四周：完成作品最终版，并互相评估

四、课程核心目标

"STEAM is an educational approach to learning that uses Science, Technology, Engineering, the Arts and Mathematics as access points for guiding student inquiry, dialogue, and critical thinking."

——Susan Riley（Arts Integration Specialist）

STEAM 是以科学、技术、工程、艺术和数学为切入点引导学生进行研究、交流和批判思考的教育方法。

——苏珊·莱利（艺术互融专家）

因此，我们的 STEAM 课程将着眼于学生以下方面能力的提升：

1. 批判性思维和问题解决能力

通过场景学习，学生将会共同解决问题并展示成果，学生们将回顾数据并思考制作作品的最佳方案。

2. 创造力

鼓励学生具有创造性，并为他们即将制作的作品提出一系列不同的设计理念。

3. 合作能力

学生们将在小组或团队中工作，想出最好的设计方案，学生通过 STEAM 模式来体现和分享他们的发现。

4. 沟通能力

学生们在每次讨论期间都要互相交流思想，学生们互相分享他们的发现。

五、课程大纲

课题：Boat Building 船的建造

奥克兰市长致辞：

2021 年奥克兰将举办美洲杯帆船赛。这场竞赛需要设计一种新的帆船。我们需要你设计这种帆船，来帮我们拿到奖杯。祝你好运！您已被选中为美国杯赛设计和组装一类新的船。请与你的同学小组合作，建造一艘能够保持漂浮并能够在我们的模拟赛道中快速前进的船。我们将使用风扇来创造风力测试船只。每艘船需要承载 50 克的重量。

1. 材料准备：

铝箔　棒冰棍子　纸胶带　纸　吸管　风扇

50 克的东西（可以是砝码）水槽或小戏水池 建议另外再准备剪刀、卡纸等材料

2. 课堂所需表格：见附件，提前打印发给学生，并且让学生每节课都带好

3. 课堂所需播放的视频：有（已下载好放在 Classing）

课时	课程大纲	课程内容
1	第一周：在介绍后，学生根据收到的任务在老师的引导下为自己的作品做计划	双方简短介绍：中新双方各一位同学说一段简短的欢迎辞，不需要太过于正式，大概 30 - 60 秒就可以，也可以作为拉近双方友谊之用。 任务 1： 讨论：要制作一艘帆船的话哪些东西比较重要呢？ 展示我们即将用来测试船只的"赛道"和风扇 展示制作帆船所用的材料，并讨论用途 你有 5 分钟的时间来搜索"帆船和游艇"的图片来帮助你思考你制作出的船只的模样（或者学生提前搜索资料准备） 跟你的组员们讨论船只的设计，并记录在设计模板单页上 与同学们一起分享你们的设计和想法
2	第二周：制作作品的最初版本，并尝试互相反馈	任务 2： 回顾上周的内容 观看关于如何让船只漂浮起来的视频，讨论视频中的主要内容 讨论：如何用你已有的资源来完成该任务 你有 30 分钟的时间来制作你的帆船 试航与反馈
3	第三周：根据建议和反馈尝试解决最初版本中出现的问题，并尝试再次建模	任务 3： 作品回顾，中新双方互相反馈（5 分钟） 每个小组记录两个其他小组提供的关于自己的设计的问题（10 分钟） 小组讨论两个克服这些问题的方法，并将这些方法填写在设计模板单页上（5 分钟） 重新制作或升级你的船只（15 分钟） 分享和展示你们修改后的船只（5 分钟）

续表

课时	课程大纲	课程内容
4	第四周：作品呈现与反思	任务4： 船只下水测试 中新双方互相给出反馈 对每艘船只给出一条建议 完成评估表 与你的同学分享评估信息 学习成果评估 可以思考的问题 Critical Thinking（批判性思维）： 为什么这个设计元素如此有效？ 确定和讨论你在你的船只中融入的设计元素。 Problem Solving（问题解决能力）： 你的小组问题有效解决了吗？是/否，请解释。 你们采取了哪些步骤来解决问题呢？ Collaboration（合作能力）： How do you know that your group collaborated effectively? 如何判断你的团队合作是有效的？ What challenges did you face as a group and how did you overcome them? 作为一个团队，你遇到了哪些挑战，你是如何克服的？ Communication（沟通能力）： 你的团队沟通是有效的吗？请解释。 分享你的想法最有效的方法是什么？
5	博士生指导课程1	为学生提供技术咨询与指导
6	博士生指导课程2	

学生习作：

双师课堂

杜昕蕾

你有与外国老师一起上过课吗？你有与外国同学们一起交流互动过吗？下面就让我们走进这节有趣的"双语课堂"吧！

上课了，大屏幕上出现了奥克兰的教师和奥克兰的同学，我们连连向他们招手。他们也微笑着回应。在打招呼之后国外老师叫同学们坐好。首先老师给每个人发了一张纸，并对我们说："奥克兰要举行帆船比赛，要大家设计一款帆船，今天这节课让我们一起制作一款帆船吧，现在就让我们听奥克兰的老师来讲解一下帆船的原理吧!"这时很多人便会问了："外国老师说的话你也能听懂?"不用担心，有一位英语老师为我们做翻译。我们专心致志地听着，终于明白了，帆船是靠风的力量前行的，风从后方来，推动船只向前行。听老师的讲解，我们似乎明白了许多。

"同学们都听明白了吧，现在我们需要设计出船的样子，每个小组都设计出一个作品，记住作品要有可行性，开始吧!"听老师说完，奥克兰那边的老师也给同学们布置了一模一样的任务，奥克兰同学和我们一样讨论起来。教室里每个小组都七嘴八舌的。我们小组有的说船头一定要尖，这样阻力会变小；有的说船帆一定要大，这样才可以快速向前进；有的说，船边一定很高，这样才不容易漏水进来；有的说我们一定要做好防水工作，要不然船体下边要是进水了可就不好了，还有的说下面一定要有个'脚'，在'脚上'绑上可漂浮的东西，这样船就不容易沉下去，也不容易进水，并且还可以前进得快呢。我们都赞同她的说法，于是我便照着小伙伴们的说法，画出了船的大体模样。这时老师下来观察，看到我们小组画的，赞叹道："画得不错，继续加油哦。"瞬间我的信心又增加了许多，于是便确定了船样。

"我看见许多小组做得不错，现在我们要看看奥克兰那边的同学们，画得怎么样呢?"听完老师说的，我们非常高兴，因为终于可以看见奥克兰同学们画的了。接下来，镜头转到了奥克兰那边的一位同学身上，那位同学用英语讲解了他这个作品，我们的翻译老师也翻译出来她说的话，那位同学说完，我们这边响起热烈掌声，都把那位同学弄得不好意思了，我们这边也派了一位代表上去讲解他画的图纸，他是一位五年级大哥哥，还用流利的英语和奥克兰同学们交流，讲解了他画的图纸，他说完，奥克兰同学们那边也响起了热烈的掌声。

"既然同学们都确定好了自己船的样子，那么就一起来把它做出来吧。"只见老师从一个箱子里拿出我们所需的材料里面有：小木棍儿、吸管、锡纸、还有一些基本的手工用具，都摆在了各小组的桌子上。"同学们，你们要利用桌子上的这些材料，做出你们图纸上所画的船，开动你们的小脑筋动手做吧！"我们这边的话音刚落，奥克兰那边的老师，也叫他们的同学，用这些一模一样的道具，做出他们的船。

"要不我们用小木棍作船的底部吧，记住外面一定要包上锡纸，这样水就不容易进去啦！"一位同学说道，"而且我觉得木棍一定要多摆几层，船也不一定要太长，只需要宽度是船长的一半就行了。"我们立刻动手做了起来，而且分工明确，她来摆木棍，我来捆胶布；她来剪锡纸，我来铺锡纸。"现在我们来围船的外边吧，我决定用吸管最合适，因为船要是沉下去的话，吸管就会浮起来，这样水就不容易进去了，而且边的话一定要围得高些，这样才好，然后在吸管的口那边放上一些小木棍，把口堵住，这样水就进不到吸管里了"我们所有人，都觉得这个想法很好，便行动起来了，我们有的人负责剪吸管，有的人负责在吸管上铺上锡纸，有的人负责把吸管粘在船边上，还有个人负责放小木棍，我们越做越高兴，虽然汗珠慢慢滑下，可我们的兴奋则忘却了劳累，就这样我又做好了"船脚"。又做好了船帆，还有我们的前面加个木棍，这样阻力就越小了。

我们是第一个做好的，在等其他小组同时，我们又做了些修改。终于最后的测试到来了，老师端来一桶水，倒进一个又长又宽的赛道里，那便是我们最终测试的地方，在赛道的后方，有一台电风扇，这样就可以模拟在海上帆船的行进了。第一小组，这个小组他们的船特别大，特别宽，他们的船是正方形的，虽然船边有点矮，但是还是能前进的，就是行得有些慢罢了。第二个小组，他们的船特别小，不过你可别小看了它，它的行驶速度可快着呢，第三组呢，就是我们都船了，我们小组的船呢虽然不大不小，船身不长不短，但是我们在前头那根木棍儿可起了大作用，那个木棍就像方向盘似的，在给船掌方向，风吹得越来越急，我们的船也行得越来越快。在行的同时，老师也在我们的船上放置了一些铅块，老师说："要做一艘合格船一定要承受50克的重量，我们的船承受住了，所以最终我们的船被评为本节课的最佳制作。

我们再将目光转回奥克兰那边，他们那边也有几个作品完成了，于是也展示了作品：第一个船有三个船帆，虽然大，不过让人没想到的是他们的船还未行多远就沉下去了，我们也为他们感到遗憾。第二个呢？它乍一看，感觉像是一个长长的长方体，可是你再仔细瞧瞧，他的船头是尖的，虽然这艘船的船帆也不小，但它还是经不住考验，沉了下去。第三艘船，他的船帆特别大，船身呢就是特别小巧的，船的后面呢，又跟了一个像飞机的尾翼似的东西，下面有一双"腿"把他撑了起来，让船体悬在空中，承受住了50克的重量并且行到了终点。

这堂课，我领略到了国外的教育方式与我们的不同，也让我们学到了一些关于帆船的知识。非常开心能参加一节双语课堂。

友谊之帆扬星海

鲍彤欣

众所周知，视频通话已是家喻户晓，网络微课也已经风靡许多城市，但让"歪果仁"跨洋视频上课大家可能没听说过吧。就在前几个月前这种稀奇事就让我们星海小学给撞上了。

这天，一个老师神神秘秘地把我们这些四年级及以上的"科技兴趣小组"成员集结起来，我还以为是让我们"农民起义"呢！原来，远在新西兰的外教老师，要给我们上DIY帆船课，时间是明天的大课间。这个消息像枚炸弹在同学们之间炸开了花，大家议论纷纷。我想：今晚可得好好准备准备了。

第二天，期待的大课间总算到来，我和我最好的哥们儿蹦跳着进入了微格教室。映入我们眼帘的便是屏幕中的新西兰教师和那边友好的同学，他们热情地打着招呼，虽然隔着遥远的距离，却能感受到他们的温暖。

随后，老师说明了造帆船的原因：造出模型，去参加帆船大赛。然后老师给我们发了许多材料：锡纸、吸管、棒冰棍、剪刀、双面胶，我们认真地听外教老师耐心地讲完了做帆和让帆的阻力变小的方法。他俊秀的脸庞上流露着对我们的热情，让我们时刻感受到两校间的友谊。

接下来就是最最激动人心的 DIY 时刻！我们组先用吸管和纸相互缠绕粘贴做起了三角帆；然后用棒冰棍纵横交叉地做出了"地基"，打好了船身的基础；后来我们又用锡纸包住"地基"使它更加有漂浮力并且更不易渗水，再用双面胶固定；最后几个细致的男生再将它装饰得美观并将三角帆和"地基"固定，一艘帆船便诞生喽！不时抬起头看那边的同学们也正做得不亦乐乎，小小的帆船让我们共同享受其中的快乐。

之后，为了测试我们的帆模型是否能够在水中航行，老师给我们搬来了大水盆，通过鼓风机的大风我们的帆船在大水盆里扬帆起航。虽然途中我们还翻了几次船，但即使遭遇挫折，我们也从不轻易放弃。

通过这几节帆船课，我们收获到了很多——明白了帆船的原理，初尝了动手的乐趣，更加深了中新之间的友谊！

二、主题式教学

（一）基本含义

主题教学法是在教师确立的主题框架中紧紧围绕学生、跟踪学生思维研究过程的教学，主题式教学能够提供一个良好的学习情境，学生在这样具有高度动机的环境中，可以接触和这主题相关的各种领域的学习内容，教师的教材有时可以像联络教学的方式，横向编选和该主题相关的教学材料；有时更可直接打破学科之间的限制，在教学中整合不同领域的内容和策略。在主题式教学的课堂中，可以实现以下的教学目的：第一，主题式教学构建的学习情境，立足于学生的知识水平和生活实际，这就打通了学生书本世界和生活世界的界限；第二，主题式教学要求学生在学习情境中进行自主的探讨和学习，这就充分重视了学生的主体作用的发挥；第三，主题式教学要求师生既是学习情境的组织者，又是学习情境中的共同探讨者，这就有利于构建民主、平等、合作的师生关系；第四，主题式教学为学生创设了有挑战性的问题情境，有利于激发学生的学习兴趣和斗志；第五，主题式教学法让学生以自有的文化去解读情境，从而实现了学生的个性化发展；第六，主题式教学法可以打破单一的集体教学的组织形式，允许学生分组讨论学习，这有利于培养学生的团队精神和沟通能力。以上所述，无疑都是与新课程改革的宗旨相契合的。

（二）基本模式

引出话题——梳理话题——确定主题——自主探究——反馈交流——赏读领悟

（三）教学特色

1. 主题教学法是动态的

主题式教学法有一条主线，但没有固定模式。课程的组织及教学是能动的，自始至终是在一个不断演变和拓展的进程中完成的。

2. 注重研究过程，掌握最终结果

后现代教学理念的核心是以人为本，从学生兴趣出发，提倡完全自主的学习和个性化的研究方式，让学生在过程中找到适合自己的方法，目的是学习并以正确的研究方法来获取和发展知识，逐步形成个性化的风格。即过程管理与目标管理并重，在过程中学习方法，积累信息，捕捉灵感，通过合理、有效的研究过程得到较好的结果。教师通过这种形式给学生一种推动，并通过主题创作的表达展现出学生不同的闪光点，使学生获得自由且具有完整思考的自我体验。

3. 实行团队教学

由各相关课程教师组成教学小组，共同确立主题，制定教学方案。教学方案最初必须是针对前期研究而拟定的，用以帮助学生理解最初的尝试，教学方案还得在教学过程中根据学生的具体进展情况，分阶段逐步确定，而不是事前可以确定的。在专业主题教学方面以"主题设计"为主要形式，每一主题都有相应的主题内容和总体要求，一般四至七天完成一个主题的设计。

4. 基本程序

（1）确立主题。根据学习进程中要解决的问题，确立有适度范围的能够反映问题本质的主题。

（2）构想研究阶段。针对主题特点，以一种探索实验的态度，尝试各种不同的创造方式。从思想文化、艺术特征、造型形态、色彩肌理、材料工艺、技术运用、叙述方式、价值取向，情感思索、生活环境等诸方面不加限制地进行可行性和可能性的探索及实验研究。

（3）创意设计阶段。在对前阶段主题多向研究的基础上，将获得的丰富资料和设计元素从设计理念、艺术语言、表现形式、实用功能、技术方法、行业与市场等方面进行创意设计研究。最终形成能够体现主题思想有个性、原创性的切实可行的设计方案。

（4）工艺制作阶段。根据设计方案，对多种工艺技术的特点与方法进行艺术呈现。从而选择能够使设计方案得以实现的技术手段。

（5）展示交流。把主题研究与创作的整个过程和最终结果以展示的形式，清晰完整地阐释设计作品的内涵。

5. 实施要求

首先要确定主题，主题要和时代相联系，让学生产生兴趣使学生愿意学，教师易控制学生进步方向。

然后制定教学目标。教学目标包括总目标和阶段目标。教学目标是由教学小组成员一起共同讨论结果，针对整个教学年度的总课程，对整个教学课程有充分思考，要了解学生的知识结构和能力水平，在此基础上，通过学习，让学生最终达到一个什么样的水平，这是课程总体要达到的目标。然后要确定单元目标，将总目标细分，确定每一个单元的单元目标，再细分到每一个教案，对每一节课都有一个目标，这个教案可以是几个连贯的课节的总体，称阶段目标。阶段目标是每一节课的授课使学生达到一个什么样的水平，针对阶段目标确立评估标准，看学生是否达到目标要求。

例1：

《快乐桂花节》主题式教学设计

时间：2018 年 9 月 17 日—28 日，为期两周

（一）准备阶段：认识秋天的花；诵读桂花的诗歌、文章；讨论出行方案。

（二）出行阶段：

1. 赴桂花园赏桂，大自然中感受秋色，并通过观察、体验、协同互助等，与他人一起分享劳动成果。

2. 亲子互动，跟家长一起研究桂花食品，尝试制作简单的食品，向伙伴介绍制作步骤。各班组织班会课，甄选出最佳分享奖，在美食节作介绍。

3. 制作邀请卡，与一年级的孩子们分享自己的快乐节日。

（三）成果分享阶段："桂花美食节"

1. 诵读桂花诗歌。

2. 展示观察日记：美丽的桂花。

3. 分享：我的美食制作过程。

4. 欣赏美食，分享美食。

5. 写下自己的活动感受，张贴在班级文化墙。

例2：

《感受立夏》主题式教学设计

一、课程背景

立夏是农历二十四节气中的第七个节气，夏季的第一个节气，表示孟夏时节的正式开始，太阳到达黄经 45 度时为立夏节气。斗指东南，为立夏，万物至此皆长大，故名立夏也。立夏的"夏"是"大"的意思，是指春天播种的植物日趋直立长大。

晚春的树木枝叶已抽盛，至立夏郁郁葱葱，野外万物最为生机勃勃。

春花大多凋谢，梅桃杏李暗结珠胎，孕育着千子万孙。而此时开得最盛的则是橘柚柑橙与蔷薇的花，整个世界仿佛沉浸于香海之中。

立夏日的阴晴可测一年丰歉，民间认为立夏日下场雨最好，一年会风调雨顺，五谷丰登，不然庄稼会干旱兼收。有民谚："立夏不下雨，旱到麦罢""立夏不下雨，犁耙高起"。

课程规划

（一）课程主题：学生能围绕"立夏"这个主题，发现、提出自己感兴趣的、想要研究的问题。

（二）课程理念：立夏来临之际，面对如此传统的节气，我觉得有必要让更多的人知道立夏，了解立夏的典故、习俗等。也想让更多的孩子在学习《立夏习俗》的同时真正感受到节气带来的魅力。以此增长学生的见识，拓宽学生的知识面，培养他们收集、处理信息的能力，同时又增强他们的动手能力和生活能力，加强学生交际能力和团结协作精神。

（三）课程目标

1. 通过讨论、交流，对提出的问题进行分析、筛选、归类、提升，转化为小组活动主题：（1）收集典故：收集立夏典故和立夏蛋来历；（2）绘蛋：给蛋画上自己喜欢的图案；（3）编织：给立夏蛋编织蛋络；（4）撞蛋：班队课上举行斗蛋；（5）习作《斗蛋那些事》，最后把宁海立夏吃的习俗和各种收集到的典故编进手抄报里。

2. 学生通过发现问题、提出问题，并把问题转化为活动主题的这个过程，提高自身发现问题、提出问题的能力及意识。提高其语言表达能力、思维能力和综合能力。

层次	活动主题	活动内容	活动目标	课时安排
初级	收集立夏典故	初步认知立夏的来历。	收集资料、周末去田野走走、看看。	1
中级	2. 了解立夏蛋来历	具体认知立夏蛋来历有哪些?	试着去向父母长辈、向当地老农、询问、搜集资料。	1
	3. 感受家乡的立夏节吃的习俗之美	真正感受到立夏节习俗魅力。	分享自己家庭立夏习俗活动。	1
高级	4. 编制手抄报	把宁海立夏吃的习俗和各种收集到的典故编进手抄报里。	增长学生综合实践能力，培养他们收集、处理信息的能力，同时又增强他们的动手能力和生活能力，加强学生交际能力和团结协作精神。	2

（四）课程实施

开设年级：一、二、三、四、五、六年级

（五）课程补充内容：立夏典故

1. 立夏迎夏

古代有"立夏之日，迎夏于南郊，祭赤帝祝融"的仪式。在立夏这天，古代帝王要率文武百官，君臣统一着朱色礼服，到京城南郊举行迎夏仪式，以表达丰收的祈求与美好愿望。

2. 立夏称人

记得小时候这一天，道地院落架起一杆大秤称，这大称平时是生产队称柴米用的，上挂大钩，钩中放个大筐箩。我们一大帮孩子嘻嘻哈哈轮流坐上箩筐称秤。

大人看到瘦的孩子总会说"不要吃得猛，像夹蜢"。因为夏天有的孩子要"退夏"，身体变弱，所以夏天忌讳称人。于是大人立夏称人时，56、59斤都吆喝成60斤，62、63斤吆喝成65斤图个吉利，希望孩子夏天不"退夏"，长得更壮实。

相传"立夏称人"源于司马昭灭了蜀汉，刘阿斗沦为亡君。司马昭唯恐原属汉地臣民不服，就善待刘阿斗，封他为安乐公，并向蜀汉降臣当面称了刘阿斗，夸口保证刘阿斗生活优裕，体重只增不减，时值"立夏"，于是立夏称人便流行于民间。

3. 立夏吃蛋

（1）茶叶蛋

四五月份正值鸡鸭鹅盛产蛋的佳季。立夏头一晚，宁海乡间就会开始"煮茶叶蛋"，人们一般会把鸭蛋、鸡蛋放入陈年红茶或茶末进行炆火慢煮。也有的放一些胡桃壳等"秘招"，蛋壳便会慢慢煮成红褐色。村里向家家户户弥漫着茶叶蛋的芳香。煮茶叶蛋时，添入一些佐料（茴香、桂皮、姜末、孜然、肉卤等，根据自己的喜好搭配）更有味道。鹅蛋一般不参与茶叶蛋行列。滚烫滚烫的茶叶蛋，蛋白被煮得实别别，香醇怡人。

（2）缤纷蛋络

立夏，把结实没碎的茶叶蛋网进"蛋络"，或挂脖子上，或挂蚊帐边，或挂橱柜，形成一道道别样的风景。小伙伴之间凑一块互相欣赏，仿佛是一场"艺术品"交流会。

（3）胡桃肉蛋汤挂脚骨

每逢立夏节，小孩子一放学就屁颠屁颠回家，惦记着香喷喷、甜滋滋的核桃肉蛋汤。胡桃肉即核桃肉，宁海风俗：砸壳留肉，核桃壳用来烤茶叶蛋，有强肾之效，胡桃肉砸碎打鸡蛋汤，小孩吃了强健筋骨。

"核桃"谐音为"祸逃"，寓意甚好，图个吉利，而且核桃肉蛋汤滋补身体，它成为立夏节"挂脚骨"的美食，也不足为奇了。

（六）课程评价

采用课堂及时评价方式，比赛评奖，作品展示评价等

学生习作：

斗蛋那些事儿

石栩铱

今天班队课上，我们举行了画蛋、撞蛋比赛！教室里热火朝天！

老师宣布好规则，我们就开始斗比了！我拿出自己最信任的蛋和同桌斗比。而我同桌拿出了那个特别大的蛋，我说："你这个肯定是鹅蛋，千真万确！不公平！"我的同桌只好拿出另外一个蛋和我斗比。啊，不好，只听"咔嚓"一声。我的蛋尾部碎了。我不服，又和他比了蛋的头部。"咔嚓"我同桌的蛋，头部碎了，真的不知道谁该当胜利者。我觉得：我已经曾经当过蛋王，所以还是把这个机会让给同桌吧。接着进行了前后桌斗，我觉得我已经不需要继续比下去了，因为我的蛋……我的蛋……已经那个……那个了！我不再继续比了，已经在心安理得地吃碎的蛋了！经过两次的淘汰赛，我们第二组只剩我同桌潘宁阳和华筱丽。过了几分钟后，我们开始小组竞赛了。我的同桌和华筱丽正在激烈比赛，"加油！加油！"大家的呐喊声此起彼伏。我给同桌加油，希望他能凯旋而归！可是没过一会儿的工夫，我的同桌就被华筱丽轻松ko了！四个小组决出了小组蛋王，我们就开始进行总决赛了——班级蛋王。第一组蛋王是伍晗睿，第二组蛋王是华筱丽，第三组蛋王是夏伟

诚，第四组蛋王是徐嘉怡。第四组和第三组先斗，"蛋王加油！蛋王加油！"教室里鼓劲声震耳欲聋。夏伟诚胜了。夏伟诚又和华筱丽斗比，华筱丽胜出！华小丽又和伍晗睿比，华筱丽又赢了！华筱丽就是这次的蛋王！

蛋王决出后，老师问："谁的蛋络是家长编的，请上来展示！"有一些同学是家长做的，而且是非常精致！老师又问："谁的蛋络是自己做的，请站起来展示！"老师仔细观察后，拿起胡家豪的蛋络，说："同学们，你们看胡家豪蛋络下面是没有打结，而是依旧用几条七彩线巧妙地收尾，看！七彩线舒展着，而你们下面都是打结的。你们觉得这个妙，妙在哪里？他是怎么编成的？我仔细地看着，发现这几条线是和上面连着的，像继续在编蛋网，只不过不是相邻的编，而是面对面地编，好聪明的编法。

其实在斗蛋前，老师让画了蛋的人，拿出蛋。老师都一一拍下来了。拍完，老师把手机放在电脑屏幕上。我们目不转睛地评看着每幅画面。当电脑屏幕上出现徐嘉柯画的蛋时。我们都说："画得很好看！"老师说："看它蛋上画的人物画得栩栩如生。瞧：绿色，就是蛋人的头发。"老师问徐嘉柯："这个是不是双胞胎蛋人？"徐嘉柯点了点头。

这次撞蛋、画蛋比赛是多么有趣、热闹啊！希望下次比赛比这次更有趣，更热闹。

三、项目制学习

跨学科整合教学代表着一种现代的教育哲学，更注重学习的过程，注重内容的合理编排和适当联结，而不是结果。让孩子们动手完成他们感兴趣的、并且和他们生活相关的项目，从过程中学习各种学科以及跨学科的知识。这种基于项目的学习，对于增强学生的批判性、思考力、沟通力以及合作力等多种能力非常有帮助。

（一）基于项目的学习

基于项目的学习也称 PBL（Project-Based Learning）。顾名思义，PBL 是一个围绕项目组织学生学习的模式。这些项目有复杂的任务，以富有挑战的现实生活中的问题为基础，使学生参与到设计、问题解决、决策制定、建模、测试、优化、沟通、反思等活动中去。在一段时间内（因不同年级，不同学生能力，知识层级不同，需要辅导老师引导程度不同，项目时间周期也会不同）给予学生相对独立学习的机会，最终形成可行的产出或展示（这一步是作为评价的依据）。

（二）PBL 是一种挖掘深层次学习能力的有效方式

如今的课堂，我们经常会听到这样的问题："我们为什么要学习？""为什么我们要这样做？"等等。学生们觉得上课既无聊又没有意义。在 PBL 中，学生能够参与到有意义的自己感兴趣的研究调查中去。PBL 活动的真实性激励学生，提升他们学习的积极性。学生们决定解决问题的方法，以及完成任务所必须执行的活动或过程。比起在传统课堂中获得的知识，由于学生积极地参与到项目中去，所以他们记住课本知识的时间会更长久。通过 PBL 获得知识的学生更能将所学知识运用到现实情景中去。

在这种社会大背景下，欧美发达国家的教育标准中已经明确提出，要理论联系实际，强调课本内容的实际运用，要求学生独立工作，理性思考，终身学习，培养发展 21 世纪竞争力。

尽管 PBL 倍受推崇，但在绝大多数学校中尚未使用这种教学方法。升学率和提分要求是现在传统教学模式的两大主要驱动因素。很多因素都和这两大主因直接挂钩，例如：职级晋升、教师评价、学校排名、绩效工资等。但几乎每一位教育工作者都支持深度学习活动，PBL 虽然促进了深度学习，但问题是，它需要占用大量的时间。由于考试不会涉及这些能力，教师也不愿意接受 PBL 以及 21 世纪技能的培养，也不愿意为这些教学方式备课或进行教授。但是把 PBL 作为传统教育方法的一个强有力的辅助工具，而不是去颠覆。在通过 PBL 探究式学习的同时，仍然关注基于传统的教学方法，不失为一种可行之法。

（三）项目类型

根据年级不同，学科能力不同，把 PBL 项目分为三个等级，两个类别（分别是必要项目和拓展项目）。具体如下：

1. I 级短期项目（必要项目）

这种项目建立在课程内容基础之上，I 级的探究活动主要是基于课程的学习，教师的作用主要是监督和引导学生取得成功的学习成果。以 3—4 人的小组为单位（为保证时间及进度要求，学生搭配应互补，同时学生自己可采取解雇制，救赎制及投票制保证小组有效协作），在课内实施，每学年开始，学生都会领到培训和解决项目所需要的文档资料。为确保项目顺利完成，教师及时进行指导并提出反馈意见。I 级项目按照 5E 教学模式（引入、探究、解释、迁移和评价）设计，实施过程中，学生将学会问卷设计、问卷调查、数据分析和成果的总结展示。学生合作学习，自我评价，对自己的学习负责。

2. II 级和 III 级为学年项目（类别：拓展项目）

这种项目是跨学科的项目。它主要考察学生对知识的迁移、转化等能力。这两类项目是为学有余力，希望顺着自己兴趣方向发展，喜欢创造，想要进行自己的研究，开发自己的产品的学生而设立。可以在物理和数学、物理和化学、工程与技术等方向设立。II 级项目针对那些独立发展项目思路，自发引导问题有困难的学生。III 级项目适用于自始至终几乎不需要教师帮助，完全能自主研发的学生。在 II 级和 III 级项目的各个阶段，教师应及时引导学生，以便提供必要的帮助并发表反馈意见。学生在 II 级和 III 级项目中取得的成果，应在科学展览，相关科学竞赛中展出。

在 I 级项目中，目标是通过"教师为辅"以及结构化的环境为更深入的项目打下扎实基础，培养一定的技能。

Ⅱ级项目是半结构化的，教师引出起始阶段的活动，并对学生进行督导和指导。之后，学生会提出更多的引导性问题并取得最终成果。

Ⅲ级活动完全由学生主导，几乎不需要教师帮助。

每一级项目的完成，学生都要制作数字化成果以便展示评价。

第四节　实施要点

一、做好规划

学生的学习需求是教师组织教学的前提和基础，教师在进行跨学科教学时要以学生的学习需求为出发点，了解学生的智能结构和学习规律，激发学生的学习动机，吸引学生的注意力。同时，教师要想开展跨学科教学也要根据学生的多元智能发展情况制定相应的跨学科教学规划，将适合学生的多种智能学习资料进行合理归类。教师可根据需要随时组合利用教学资源，合理科学地安排教学，以发展学生智能，提高学生的综合素质。作文是一门综合性较强的学科，不仅与科学领域有较多的交叉知识，也与人文学习领域学科关系密切，这为跨学科教学提供了丰富的课程资源。在整合教学过程中，教师要善于了解学生学习需求，结合不同教学内容寻求跨学科课程开发的方式和途径，将其整合成本学科课程和教学内容的一部分，并进行合理规划和设计。这无论是对于三维教学目标的实现，还是对于学生综合能力的发展都是极为有利的。

二、促进交流

跨学科教学对知识的广度和深度进行了拓展和加深，因此对教师提出了更高的要求，单凭教师个体很难完成多学科的有效整合。因而，教师应该与不同学科的教师和专家共同协作，建立跨学科教研和教学队伍，协作设计教学课题，组织教学活动，采取多种方式促进不同学科教师交流。通过跨学科的教研活动，各学科教师可以实现优势互补，将各自专业知识和教学经验展现出来，以供学习和交流。

三、强化渗透

跨学科教学的实现最终要体现在课堂教学和实践活动中，并通过教学实践来实现教学目标和验证教学成果，这是跨学科教学的落脚点。在日常教学中，我们可以从与交叉渗透的学科中寻求解决问题的灵感。

四、多元化评价

跨学科教学是基于多元智能理论下的一种多元化教育教学方式，因而，其教学评价方式也应该是多元的，以全面反映评价对象。坚持评价方式的多元化、评价主体的多元化和评价内容的多元化，通过多个维度、多种方式，动员多个主体来对学生的知识能力、智能发展和综合素质进行评价，以利于学生的个体发展。总之，在跨学科整合教学实施和教学评价中，教师要把握好尺度，使教学能适合学生智能特点，并利于学生智能发展。

例 1：

小小编辑部

一、课程背景

语文课程标准强调"语文知识综合运用、听说读写能力整体发展、语文课程和其他课程沟通、书本学习与实践活动紧密结合"。这种"大语文"教育观强调语文与生活同在，要求打破封闭单一的语文教育系统，建立开放式、多渠道、全方位的大语文教育体系。从目标、内容、手段等方面实现综合性学习，做到课内与课外相结合，校内与校外相结合，语文学科与其他学科相结合，为学生学语文、用语文开辟广阔的时空领域，全面提高学生的语文素质。而语文学科、美术学科、书法都是具有人文性特点的学科，它们之间联系密切，教学中若能沟通它们的横向联系，让它们有机整合，对提高三者的教育教学效果有很大的促进作用。"小小编辑——手抄报"这一项目课程，唤醒了学生的意识，培养了学生的学习兴趣，指导了学生向生活学语文的方法。它是学生获得知识信息，培养综合能力的有效途径，也是学生最喜爱的朋友。

二、课程规划

（一）课程主题

编稿　组稿　定稿　版设　绘画　书写

（二）课程理念

1. 手抄报有利于激发学生浓厚的学习兴趣。

2. "手抄报"这一活动能开阔学生的视野，开发学生的思维能力。

3. 手抄报集"读、写、思、画、创"于一体，能有效培养学生的综合能力。

（三）课程目标

1. 学生通过课外阅读中积累的知识，进行版面设计，根据内容添加图画，使版面图文并茂、活泼新颖，学生既陶冶了情操，又提高了审美能力，掌握了绘画技巧，同时还锻炼了书写能力。

2. 通过对手抄报的编辑的实践活动，提高学生搜集资料、整理归类资料的能力，从而内化语言、创造语言、激发学习的兴趣。

3. 通过造型视觉艺术去传播文化思想，利用优秀的文学作品（故事、诗歌、散文等）优美的语言与画、字结合，积极调动学生的思维，带着作品意境的整体印象，再联想，再遐想，由此培养想象力、创新意识。

（四）课程内容

层次	活动主题	活动内容	活动目标	课时
初级	书海拾贝	初步感知图文结合的特点。	1. 搜集和阅读资料。 2. 初步了解图文结合的特点。	
中级	学习小报	能根据主题进行图文结合。	1. 搜集和阅读资料。 2. 了解图文结合的特点。 3. 能根据主题进行图文并茂。 4. 版面设计规范、整洁艺术插图：活泼流畅，色彩搭配协调，符合主题。 5. 作品字迹清楚，书写工整，设计合理新颖。	
高级	手抄报	通过造型视觉艺术去传播文化思想，利用优秀的文学作品（故事、诗歌、散文等）优美的语言与画、字结合。	1. 主题鲜明，版面设计规范、整洁。 2. 内容要充实，选材健康向上，紧扣主题。 3. 作品字迹清楚，书写工整，设计合理新颖。 4. 艺术插图：活泼流畅，色彩搭配协调，符合主题。 5. 文章原创，图文结合新颖，视觉效果耳目一新。	
特高级	电子小报	利用信息技术搜集资料，版面设计，绘画插图，格式的设置，剪辑。	1. 利用信息技术搜集资料，版面设计，绘画插图。 2. 初步了解文本输入，格式的设置，搜索剪辑。 3. 初步学会电子小报的整体布局的合理性，色彩的平衡性。	

（五）课程实施

1. 开设年级：五年级

2. 课时安排：4 个专题，一学年共 8 课时。

（六）课程评价

课程评价采用星级制。

1. 主题鲜明，版面设计规范、整洁。

2. 内容要充实，选材健康向上，紧扣主题。

3. 作品字迹清楚，书写工整，设计合理新颖。

4. 艺术插图：活泼流畅，色彩搭配协调，符合主题。

5. 文章原创，图文结合新颖，视觉效果耳目一新。

课例：

快乐"六一"手抄报

一、活动目标

1. 搜集和阅读资料。

2. 了解图文结合的特点。

3. 能根据主题进行，图文并茂。

4. 版面设计规范、整洁艺术插图：活泼流畅，色彩搭配协调，符合主题。

5. 作品字迹清楚，书写工整，设计合理新颖。

二、活动过程

（一）准备阶段

主要是各种材料、工具的准备。具体包括：拟定本期手抄报的报名；准备好一张白棒纸（大小视需要而定，有半开，四开，八开等，本次我要求的手抄报是四开）；编辑、撰写有关的文字材料（文章宜多准备些）；书写、绘图工具等。

（二）编制阶段

这个阶段是手抄报制作的主要过程。大致为：版面设计、抄写过程、美化过程。

1. 版面设计：根据文章的长短进行排版，并画好格子或格线（一般用铅笔轻轻描出，手抄报制作完毕后可擦可不擦）。

2. 抄写过程：指的是文章的书写。手抄报的用纸多半是白色，故文字的书写宜用碳素墨水；字体宜用行书和楷书，少用草书和篆书；字的个头大小要适中（符合通常的阅读习惯）。字写得不是很漂亮不要怕，关键在于书写一定要工整。另外，还要注意不能出现错别字。

3. 美化过程：文章抄写完毕后，即可进行插图、尾花、花边的绘制（不宜先插图后抄写），将整个版面美化。这个过程是手抄报版面出效果的关键过程。

课例 2

如何制作电子手抄报

一、活动目标

1. 利用信息技术搜集资料，版面设计，绘画插图

2. 初步了解文本输入，格式的设置，搜索剪辑

3. 初步学会电子小报的整体布局的合理性，色彩的平衡性

二、活动过程

（一）小学生手抄报版面的设计

主题图	主标题			
	文章一	文章二	文章三	文章四
文章五	文章六		文章七	案例分析
				署名

先要确定纸张的大小，然后在纸面上留出标题文字和图形的空间，然后把剩余空间分割给各个稿件，每个稿件的标题和题图的大概位置都

要心中有数。同时要注意布局的整体协调性和美观性。

（二）文本的输入

整体框架建立好后，就可以在相应的位置输入稿件的内容了。如果预留的空间小了，放不下稿件的所有内容，可以适当调整一下预留空间的大小，也可以对稿件进行适当的压缩。

（三）格式的设置

在正文都输入进去之后，可以把标题文字和正文的字体、字号、颜色等进行设置，有些标题文字可以考虑用艺术字，正文也可以进行竖排版。然后在适当的位置插入图形，并进行相应的处理，如水印效果等，也可以利用绘图工具绘制图形，要注意调节图形的大小和比例，同时设置好环绕方式和叠放次序。

（四）搜索剪辑

作为一份比较好的小学生手抄报，不但要有优秀的稿件，合理的布局，同时也要有合适的图片。一般说来，手抄报所配的题图，要为表现主题服务，因而图片内容要和主题相贴近或相关。

怎样才能找到合适的图片呢？Office2000 的第二张安装盘可以帮我们忙。如果您的硬盘空间足够大，可以将第二张盘完全安装，这样您就有了近万张图片可以选择。里面题材很丰富，完全可以满足我们的要求。

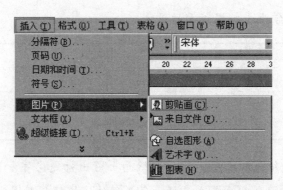

在小学生手抄报中插入所要的图片：单击"插入"菜单，选择"图片"项，单击"剪贴画"命令，弹出"插入剪贴画"对话框。

主题图	主标题			
	文章一	文章二	文章三	文章四
文章五	文章六		文章七	案例分析
				署名

我们在"搜索剪辑"文本框内输入想要查找的主题，比如"安全"，敲一下回车，看，和安全主题有关的剪贴画全都找到了。单击滚动条看一下后面的图，再单击"继续查找"图标，翻到下一页。单击其中一幅图片（禁火标志），在弹出的工具条中单击"插入剪辑"按钮，图片就插入进来了。关闭"插入剪贴画"对话框，我们还可以对图片进行位置和大小的调整，也可以进行效果处理。

如果利用这一主题没有查到中意的图片，您还可以换个主题来查，比如"火""消防""防火"等。

（五）小学生手抄报的整体协调

在文字和图形都排好后，手抄报基本上就完成了。检查一下文字有没有输错的，图形是否与文字相照应，重点文字是不是很突出等。最后注意一下整体布局的合理性，色彩的平衡性。好了，一份漂亮的手抄报完成了。

三、课程活动成果

课程活动成果如下列图形所示。

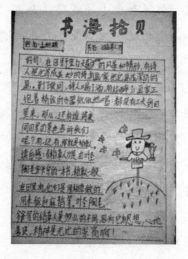

第四章

校园活动综合模块

　　将活动与作文结合起来的小学作文教学，不再简单地以教师的大篇幅讲授为主要方法，而是让学生在活动中通过实践体验生活，在活动中获得生活积累，摄取生活素材。鼓励学生积极参与丰富多彩的校园活动，并引导学生将在活动中获得的真实的体验与感受通过文字描述出来。从而使学生的习作少了许多假、大、空，多了许多真情实感的流露。多向互动作文模式中校园活动的写作教学，带领学生们走出教室、走出校门、走进生活，综合运用学校、社会等有利于促进学生写作发展的资源，通过多种方式凸显学生个性，解放学生思维，为学生创作积累素材，为学生创作寻找灵感。

第一节　多向互动作文结合校园活动的基本理念

　　新课标强调把"从实践活动中学习写作"的情意取向当成作文教学的基本理念，重视培养学生的仔细观察、认真思考、积极表现、科学评价的能力，减少学生写作的一些限制，赞成学生自主表达。结合校园活动的作文教学旨在鼓励学生主动观察，主动参与，主动实践，主动思考，激发学生对生活的追求和热爱，表达真情实感，重视用直接经验的方式获得相关的写作知识和写作技能，使学生在不知不觉中提高写作能力。

一、写作基于生活

写作过程中，学生常常会不清楚写什么，或者说没有内容可以写。事实上，学生写作的源泉很多，社会、学校、家庭、个人，万事万物都能够引起学生的关注，都可以作为写作的材料和内容。多向互动作文教学过程中，教师的核心就是有计划有组织地引导学生主动自觉地将视野投向生活，以活动为基础，让学生自主地观察生活并进行思考，从而形成一种习惯和能力。我们不仅同语文知识做朋友，而且能够善于发现生活中有意义的材料，领会其中智慧的思想哲理，然后指导他们写出文章，其中包括观察角度的选取、观察内容的取舍和中心思想的提炼等。

二、活动促进写作

写作来源于生活，生活由很多活动组成。展开各种活动，带领学生体验生活，领悟生活，就可以处理好写作的来源问题，促进学生写作能力的发展。实践帮助学生积累素材，学生参加实践的这个过程，也是把握和处理写作素材，把握情感发展的过程。学生在活动中越积极主动，主体体验越多，占有的素材就会越丰富，对事物的观点会更周全，在写作过程中也才可能写得更详细。

作文教学活动化还强调"作文评改活动化"，教师还应该鼓励学生自己去发现作文的不足并且修改。可以在班里组织修改小组，分别修改同学的作文，也可以学生互改，还可以在老师的帮助下自己修改。教师每次都要对作文提出修改意见，这样，学生在心里就有个标准，不会乱改。遇到学生解决不了的问题，可以组织学生讨论，大家最后得出结论。现在电脑越来越普及，教师也可以通过网络来评改作文，在互相交流的网络平台中，教师是主导者，学生在教师指导下学会欣赏，认真学习同学中的精彩言语。这样的评改次数越多，学生的思维就越能得到锻炼，就越能激发学生的作文兴趣。

多向互动作文教学充分体现了学生在作文学习过程中的自主性。整个作文教学活动过程中，教师不过是作文教学活动的引导者、组织者，知识建构的推进者、帮助者而已。学生是活动的主体，是学习的主体，是写作的主体。通过自主活动，学生要学会自己思考。

三、因活动而快乐作文

多向互动教学中的活动作文主张因活动而愉快写作。传统的作文教学中，教师无不要求学生的作文，内容要有意义，立意要高尚独特，语言要简洁优美。而学生最原始的表达技能总是会与教师心目中的好作文相差甚远。因此，面对作文，孩子最先想到的不是开心快乐——自由表达的开心快乐，而是焦虑和担心——怕写不好作文，怕挨教师的批评。作文是一种思想和感情的书面表达，如果学生一想到作文就怕，连表达的欲望都没有了，你还能希望学生能写好作文吗？希望他们还能从写作中体会到快乐吗？而多向互动作文的教学过程中，学生因活动而愉快写作，学生对作文充满了兴趣和热爱，再也不会谈到作文就垂头丧气，而是满心欢喜。

学生学习写作的过程应该是快乐的，教师不应该给学生过多的限制。有时，在写作过程中，同学之间可以停笔讨论，写作与洁难并举，这样有利于训练学生开放性思维，有利于增强学生对事物的认识，有利于提高学生作文的质量。学生开心地观察和感受事物，就能有表达的冲动，教师适时地让学生把所见所闻写下来，让学生抒发心中所想。只要自由快乐地多练笔，学生的作文水平慢慢也就提高了。

第二节　精心准备，有备而来

多向互动作文是全新的开放的一种作文模式。传统的作文训练通常是以命题作文为主，一定程度上束缚了学生的思维，让学生有先入为主的观念，不利于学生真情实感的表露，不利于学生个性的展现。而多向互动作文，由于不受时间和空间的限制，大自然中的各种景物、现实社会中的善恶美丑现象都能成为学生作文的素材。由于活动的类型丰富，可根据星海小学的校园文化归纳为以下几类。

一、薪火传承，民族传统文化节

英国诗人华兹华早就虔诚地说过：儿童是成人之父。这句话成为20世纪初儿童运动最响亮的口号，我校为学生在假期安排了以"学礼仪文化，做文明少年"为主题的文化节活动，希望学生在假期里通过对传统礼仪文化进行学习，让古老文明的礼仪意识在儿童的血脉里激烈碰撞逐渐凝成。

首先，学生在校期间，组织学生了解礼仪的形成、发展、作用等，明白作为一个文明人必须知礼仪、习礼仪。

布置学生在假期里学习关于仪态、举止、言语、用餐、游乐的基本礼仪，低年级学生人人学会穿衣、会行走、会吃饭、会说话、会相处。高年级学生参加网络礼仪知识问答的活动，能够人人懂礼仪、人人讲礼仪。

我们在前期还会邀请家长走进学校、走进课堂，从自己工作中、生活中的点滴小事讲起，告诉学生礼仪在生活中无处不在，并在假期中和学生一起练习生活中的礼仪，让学生学会从另一个角度审视礼仪，加深对礼仪的理解。

此外，我们鼓励学生在假期组织参加"礼仪伴成长环保志愿活动"。培养学生责任意识和服务意识是我校公民教育的切入点，为了引导学生继承优良传统，弘扬志愿服务精神，各年级义工队开展系列志愿服务活动，宣传环保知识、向市民颁发孩子们自制的宣传单，倡导低碳环保生活，捡拾烟头、废弃物、动物粪便，自觉成为社区服务小卫士。

在假期结束后，各班采取不同的形式进行学习汇报。目前各班展现的汇报形式大致有：礼仪操、少先队礼仪、日常生活礼仪展、礼仪情景剧、吟诵礼仪诗篇、唱响礼仪歌曲、高年级段的学生走进班级为低年级段的学生讲礼仪等。虽然文化节在假期举行，但是在学校、家庭、社区三方共育的引导下，学生很好地度过了一个有意义的文化节。

实践是多向互动作文的灵魂，是作文素材的源泉与动力，同时也是提高学生作文素质的有效途径。社会实践作文提倡自主、合作、探究的学习方式，让学生通过自主地观察、调查、采访等方式来接触社会、了解现实，从而增加阅历，促进学生对社会现象、社会生活的体验、感知、理解和感悟的综合性的活动作文课。通过参加社会实践，学生对生活、对社会、对事物的认识更加具体、形象、感性，此时教师有目的地启发学生深入思考自己在社会实践中的所见所闻，形成自己的所思所想，形成自己原生态的独特见解，也是社会实践活动作文的目标之一。

二、与时俱进，学做并重科技节

为了进一步推动我校科技教育，普及科学知识，培养学生的科学创新精神和科技创新能力，提高学生的综合科学素养，激发学生爱科学、学科学、用科学的热情，展示学生的创造能力和特长，推进素质教育的实施。根据上级部门有关文件要求，我校于3月中旬举行"星海小学科技节"。科技节的主题是"体验、创新、成长——节约资源，保护生态环境"。

活动当天，一年级学生参观了我校科技馆，我校科技馆展出的展品涵盖机器人组装、3D 打印、航模、车模、陶艺、百米长卷科幻画、科学实验、生活技能等 30 余个科技类型，展出近年来伴随星海小学科普教育发展产生的一系列优秀科技作品和成果。

二年级学生参加了七巧板绘画赛。学校统一购买七巧板绘画工具，提前在科技节前对学生进行一定程度的辅导，让学生具备一定的绘画技巧和创作能力，可以对着简单的实物来进行七巧板画的设计。活动当天评选出了 50 余幅优秀作品，学校通过展览、网络宣传等方式对这些作品进行了展示。

三年级学生进行了科学幻想画比赛。学校希望学生能着眼于"节约能源资源，保护生态环境"，适应社会低碳生活的潮流。通过科学幻想，绘出未来科技、生活的美丽画卷。为了调动学生的主观能动性，激发学生的创作热情，充分发挥他们的动手能力，作品可用电脑画，也可用油画、国画、水彩画、水粉画、铅笔画、蜡笔画、版画、粘贴画等绘画技巧、风格及使用不同材料表现（不包括非画类的其它美术品与工艺品）。各班提前组织学生画科学幻想画，全校举办当天科学幻想画展览。

四年级学生进行电动小车制作比赛，我校科技小制作社团老师通过视频、面授的方式教学生如何组装一台电动小车，学生可以在制作好基础版小车后通过自己的创意设计，设计出独一无二的小车。学校为学生准备了大量制作零件材料，学生在规定时间内制作好小车，并进行轨道竞赛，老师将对小车的外观和速度进行打分，评选出优秀作品。

五年级进行航模制作比赛，参赛选手均使用同一规格的手掷模型滑翔机，学生必须现场组装滑翔机，可以使用一定的材料进行个性化装饰。每架飞机只允许参赛者本人使用，裁判将根据滑翔机外观、飞行滞空时间对选手进行打分，最后评出优胜奖。

六年级进行科学调查研究。六年级学生立足身边的科学来完成实验现象，叙写自己在生活中的独到发现，体裁以科技说明文和小论文为主，字数在 500—1500 字之间。内容及要求：学生源于科技活动撰写的科学成果论文。如：实验报告、考察报告、观察（观测）报告、调查报告、研究报告等。学校组织科普小论文竞赛。

美国心理学家斯奇卡列所说"好奇是儿童的原始本性，感知会使儿童的心灵升华，为其为探究事物藏下本源。"因此，激发学生的探索精神，在不知不觉之间运用他们的分析能力，开启创造性思维，使他们在趣味中接受科学知识，然后按照实验步骤过程进行作文。科学实验式的活动作文的重点在于让学生仔细观察，积极参与，认真做记录，有条理地组织文字，学会详略得当地安排活动、表情达意。

此外科学实验式还有以下几个方面的优点：第一，有利于学生主体地位的发挥；第二，有利于培养学生合作探索、实事求是，崇尚真知的科学态度；第三，对学生作文兴趣的培养有很大的作用。

三、百花齐放、星光闪闪艺术节

我校为了进一步丰富学校文化生活，体现"活泼、开朗、个性化"的校园文化特质，面向全体学生，凝聚团队精神。学校在六月份组织开展了艺术节活动，帮助学生培养健康的审美情趣，陶冶情操，提高感受美、鉴赏美、表现美、创造美的能力，促进学生艺术素养。

艺术节包含了一系列比赛和活动，涉及美术、音乐、舞蹈、体操、传统手工艺品制作等方向，项目繁多，形式多样，团体与个人赛事异彩纷呈。在我校"班班有歌声"的基础上，进行全校海选，举办校园合唱大赛。我校还在艺术节中安排了社团成果展示周，把每年学生社团的作品进行为期一周的展示，手工艺品、书画、科技制作、魔术道具表演等吸引了大批学生前来观看。在最后一天，校方将通过海选的社团节目集中到一起，开展一场成果展示汇演，学生有的表演舞蹈，有的一展歌喉，有的演奏乐器，精彩的表演展现了我校学生社团的文化风采。在六一节，还举办了"十里童心绘长卷"创作活动，把学生的学习生活、美好愿望，宏大理想用手绘的方式，在长长的画布上描绘出来，为艺术节系列活动添上了浓墨重彩的一笔。

艺术节的成功举办，不仅弘扬并结合我校的中华民族优秀文化传统特色，而且充分反映学生爱祖国、奋发向上的精神风貌，具有时代特征、校园特色、学生特点。

四、强身健体，快乐奔跑体育节

我校全面贯彻党的教育方针，大力推进学生素质拓展计划，建设健康向上的校园文化，构筑良好的育人环境，提升学生的文化素养和身体素质。传播奥运精神，建构校园文化，培养学生的参与意识和终身体育意识，为实现学生全面发展、提高教育教学质量，我校特开展了以"我健康，我快乐"为主题的体育节。

体育节设定在 11 月中旬，活动分三个阶段。第一阶段是全校学生参与的冬季田径运动会，包括了短跑、长跑、接力跑、跳高、跳远、扔垒球和实心球等传统项目。第二阶段是我校举办的广播操比赛和达标运动会。第三阶段是各年级的特色趣味运动会，包含了各类趣味体育项目和亲子活动环节。

一年级进行亲子趣味接力跑，各班学生和家长一起参加，先由孩子跑第一趟，跑到终点后由家长背着孩子折返跑回，到转折点后完成 30 个跳绳，再钻进袋子里袋鼠跳返回终点。

二年级进行跳绳比赛，比赛分为单人跳、双人组合跳绳和团体跳绳三个项目，学生可以自由选择参加项目。比赛以擂台赛的形式进行，进行攻擂和守擂，鼓励学生学会合作，勇于挑战。

三年级进行 5 人 4 腿竞速赛，学生 5 人一组进行组合，相邻的队友的腿绑在一起，合作走完 50 米赛道，看谁用时最短，最先到达终点组获胜。

四年级进行拔河比赛，各班选出总重量相当的代表队参赛，为公平起见，参赛组别分为女子组和男子组，为优胜班颁发"小小大力士"荣誉称号。

五、六年级进行篮球全明星挑战赛，比赛项目和 NBA 全明星赛相似，分为带球绕桩、定点投篮、三步上篮三部分，以用时长短来评判胜负。

我校开展体育节，一是为了弘扬体育精神，传播体育文化，营造浓厚的学校体育文化氛围，全面促进学生素质教育和身心健康，体现星海人的精神风貌，增强体育锻炼意识，展现星海人的运动风采。二是希望通过丰富多彩的体育节活动，提高师生的体育兴趣，调动体育锻炼的积极性，增强师生的体育意识；提高体育的素养，发扬团队精神，丰富师生的业余生活，促进各班级的交流，增进友谊，形成浓厚的校园体育文化氛围。三是希望以体育节为平台，通过开展丰富多彩的活动，普及体育基础知识与技能，以点带面，提高我校体育运动的整体水平。

这些快乐的活动，不仅帮助学生锻炼了身体，增强了技能，也让学生在学习的同时受到了艺术的熏陶感染，提高了自身的人文素质和身体素质。活动结束后让学生写成文章，那时学生肯定是有话可说，有话想说，不吐不快。如果再融进自己的情感和思考，文章就会"有血有肉有灵性有思想"，才可谓之好文章。

五、源远流长，传承经典阅读节

国学经典博大精深，是千百年历史长河中积淀下来的文化经典，是中华民族的文化之根。星海小学为促进学校文化建设，着眼于学生的长远发展，学校将国学经典的诵读作为丰满学生人文素养之翼的主要内容，开展的"诵读国学经典，打造书香校园"的活动，取得了一定的成效，不仅丰富了学生的语言积累，也营造了浓厚的传统文化教育氛围，提升了师生的人文素养。新学期，学校继续开展此项活动，在 9 月份开展阅读节活动，制定了《国学经典诵读活动实施方案》，对不同的年级设定不同的目标。我校坚持开展"古诗文进课堂"活动，各级主要诵读《弟子规》，根据学校安排，要求二年级以上年级也逐步将启蒙经典《三字经》《千字文》《唐诗三百首》纳为补充学习篇目。

具体实施办法有以下几点：

（1）各班在教室布置装饰古诗文的内容，张贴、悬挂师生的诗文书法作品，充分利用好黑板报，开辟"古诗乐园""今日格言""经典语录"等栏目。充分利用学校宣传栏等宣传阵地，开办古诗文专栏，并为教师配备带有详细注解的国学启蒙经典书籍。全体语文教师积极参与和投入该活动的实施过程中，想方设法，为学校营造书声琅琅的良好诵读氛围。

（2）按照统一的诵读进度和篇目，每天固定十分钟的诵读时间（8：00到8：10）。要积极创设良好的诵读氛围和环境，提倡通过经常的、轻松的大声朗读，自然成诵，保护学生的诵读兴趣。每周从校本课程中抽出1节，作为诵读课，用于诵读指导、复习、回顾。音乐课每月至少教一首谷建芬的《古诗新唱》。

（3）号召学生制作随时携带的古诗文诵读卡，背面可设计配图和注解。学生每天在家中诵读10分钟，作为课外阅读的一项。各班结合正在开展的课外阅读进行，建立了古诗文诵读个人档案，记录学生背诵情况。各班并相应举行了"古诗文朗诵擂台赛"，活动课"经典伴我成长"，"《弟子规》在身边"故事会等活动。"读经典的书，做有根的人"，我们将一如既往地进行国学经典诵读。

要想写好作文，必须要积累语言材料和生活感悟。除了引导学生从观察中积累，捕捉作文的素材，还要组织学生从阅读中吸取营养，指导学生多读书、读好书，做好各种读书笔记。活动是为了学生更好地写作，写作也是为了学生能更好地表达情感。

师生从经典的文学作品、当下的社会现象中品悟出人性的善恶、现实的美丑。师生在这一过程中能够认清很多事物，对于美好的东西学生在作文中将会潜移默化地运用，对于丑恶的现象学生也将自觉地贬斥。经过内心洗礼过的尘物，就会益发变得淡然、可爱，学生通过这样的感染、熏陶，就会逐步提高审美能力，也会逐步形成正确的审美观念，从而建立起分美丑、辨真伪、识善恶的审美标准。与此同时，学生在各种各样品读感悟作品的活动中，积累了写作素材，获得了间接经验，同时还扫除了表达的障碍，提高了运用语言的能力，最后达到厚积薄发的效果。

第三节　细节回放，指导表达

多向互动活动作文的写作过程应该有六个步骤：创设情境——开展活动——体验感悟——相互交流——真实表达——修改发表。

一、创设情境

创设情境包括"背景参考"和"活动准备"两个方面。"背景参考"和"活动准备"指的是在开展活动之前，让学生课前准备有关信息、资料，了解活动的要求、规则等知识同时，准备好相关材料、物品及工具，以确保活动顺利进行。"创设情境"是为了引起学生的注意和兴趣。教师要善于利用语言艺术，或带入现实，或渲染气氛，或设置悬念，或提出问题，或引发争论……用有趣的语言激起学生的好奇心和探究心理，从而保证学生从一开始就以十分的热情投入活动当中。当然也可以利用多媒体放映来呈现一些有趣的画面，让学生实际触摸与主题相关的东西等。通过多层次的活动观察，学生经历了表象唤起、表象加深、表象更新，充实的心理活动过程，激发了自我的表达欲望。

二、开展活动

在前面做了大量铺垫后，可以开展活动了。学生全神贯注，兴致勃勃，人人动手，展示出活动的过程、演示出活动的结果。这是作文教学的主要部分，一定要指导学生仔细观察并且认真思考。关键的地方还可以放慢速度，或者做出特别的标记，以引起学生注意、体验和感悟。

在这个过程中，应该遵循四个原则：一是德育渗透原则。要让学生通过活动受到集体主义、爱国主义、英雄主义和社会主义等思想的教育，形成健康的心理品质。二是启思益智的原则。通过活动，帮助学生开阔视野，活跃思维，增长见识，培养多方面的能力。三是发展特长的原则。既要突出活动的实践性，使学生动手、动脑、动口，又要突出活动的自主性，发挥学生的创造性思维，指导学生自己设计，自主活动，来发展他们的爱好特长。四是寓教于乐的原则。活动必须考虑到学生的心理特征和年龄特征。活动的形式要多种多样，新颖活泼。

三、体验感悟

活动真正的目的并不是要得出某种结果，而是要从这次活动中学到某种知识，获得某种启示，取得某种教育，形成某种思想观念。要写出情真意切、文质兼美的文章，仅仅观察和实践是不够的。活动结束后，必须要引导学生认真思考，要引导学生问出问题——"为什么是这样，而不是那样呢"特别要引导学生考虑自己活动开始前的预设结果与真正结果的区别。如果观察和实践时不带上自己的"心"去体验，学生只能感受到事物的外表，表达出来的也只是表面现象，写出来的文章也会比较肤浅。

用"心"去体验感悟，学生得到的才是事物内在的本质，表达出来的情感也才是真挚、深刻的。因为"体验"是基于学生"内部知觉"的一种特殊活动，是学生在外界事物、情境的刺激下引起的不同的内心感受。活动时是学生真正参与到活动中产生思想碰撞的好时机。这也是将活动引向深入的又一步，是启发学生思考的重要环节。不管是引导者还是活动者，对此都应十分重视。

四、相互交流

义务教育《语文课程标准》里强调"写作时运用文字进行表达和交流的重要形式，是认识世界，认识自我，进行创造性的表述过程，写作能力是语文素养的综合体现，写实应贴近学生的实际，让学生易于动笔，乐于表达，应引导学生关注现实，热爱生活，表达真情"。"在写作教学中要求学生说真话、实话、心里话，鼓励自由表达和有创意表达。"不难看出，在新课程理念下，作文是信息交流的工具，是情感交流的载体，我们应该重视作文的本质——交流。

有一句名言为"你有一个思想，我有一个思想，互换之后，我们都有了两个思想"。因为学生头脑中的观念和想法，通过互相碰撞、激发，会使大脑高度亢奋，思维活跃起来，形成了头脑风暴，围绕主题还可以进行争论。赞可夫说："只有学生情绪高涨，不断要求向上，想把自己独特的想法表达出来的气氛下，才能产生丰富多彩的思想、情感、词语。"就是说在情感交流中可以建立平等民主的师生关系，发挥出"活动——写作"的交流作用，以真诚交流，促进表达，获得一举两得的效果。

五、真实表达

提倡真实表达，倡导真言，是从古至今为人推崇的教育理念。两千多年前孔子疾呼"巧言令色，鲜矣仁"，两千多年后的陶行知先生说得更是直接"千教万教教人求真，千学万学学做真人。"而当代教育家叶圣陶先生也提出作文要求真诚，"从原材料讲，要是真实的、深厚的，不说那些不可检验、浮游无着的话；从写作讲，要有诚意的、严肃的，不取那些油滑、轻薄、卑鄙的态度。"作文之法与为人之道是紧密联系的，正是出于这种理念，《语文课程标准》才反复强调在作文教学中"要求学生说真话、实话、心里话，不说假话、空话、套话"，"引导学生表达真情实感，避免为文造情。"

作文教学中，经过前面的几个环节，学生全身心地投入活动，真实去感受活动的每一刻，情趣盎然，思维真正地活跃起来了，学生有话可说，有话要说，觉得不吐不快，说起话来就会滔滔不绝。这时一定要趁热打铁，让学生立刻表达成文。学生因为有了自己的体验和想法，写起文章肯定是得心应手，下笔如有神。

六、修改"发表"

教师应充分发挥学生的主体作用，让学生发表各自见解，从不足中吸取教训，从优点中学到写作技巧，最后修改成文。文章雏形已成，还要让学生互评互改，相互读给对方听，交代所写的内容，这是第一要做的事。很多学生因为有了听众，所以读起来会特别卖力，这也给自己一次提高和锻炼的机会。听的同学一边听，一边与自己的作品进行比较，也能得到提高。第二，学生自己朗读，告诉大家这篇文章中的得意之处，说出为什么自己觉得好，听众在欣赏的同时，可以赞美一番。第三，提出不足的地方，探讨并做出修改。作者可谈自己的不足之处，听众可谈不满意的地方，最后定下来怎么改，修改以后再欣赏，以至完善。

文章写好以后，要进行"广义发表"。"广义发表"有口头和书面两种形式。口头发表比如可以通过广播来朗读，书面发表呢，可以在"学习园地"里展出等，办好班级、学校刊物，编辑学生佳作选集或电子文集。这样，既让学生积极参加，有效互动，又增强了学生的"成功感"，培养了学生作文的兴趣和信心。

第四节　激励评价，提高兴趣

义务教育《语文课程标准》指出"写作评价要根据各学段的目标，综合考查学生作文水平的发展状况，应重视对写作的过程与方法、情感与态度的评价，如是否有写作的兴趣和良好的习惯，是否表达了真情实感，对有创意的表达应予鼓励。""一切为了孩子的发展"是新课程改革的重要理念，新课程评价环节的改革是为了更好更科学地促进学生、教师、教学、学校的发展。改变传统评价过程中重视结果忽视过程、重视选拔忽视发展的弊端。

一、形成性评价

形成性评价又叫过程评价，是指在课程开发或实施尚处于不断发展和完善过程中所做出的评价。其主要作用在于反馈功能，即及时掌握师生在教学和学习过程中所面临的困难、缺陷，通过整理这些反馈信息进一步订正和完善教学的各个环节。要充分发挥和挖掘形成性评价在活动作文教学中特有的反馈作用，必须满足以下条件：一要与活动过程和写作过程紧密结合，教师要引导学生深入观察生活、积极参与活动，在要求写作时应注重启发学生有感而为，只有经过此番多次训练，所收集到的反馈信息才会趋于客观和有效，活动作文教学才能逐步取得成效。二要师生应在活动作文课中开展自我反思活动，强调自我评价的重要性，自主自觉评价自己在活动组织、参与、观察、感受等一系列环节中以及作文过程中的情感态度，不断地调整、完善自我，形成性评价才能发挥其作用。要关注形成性评价，及时发现学生发展中的短板和障碍，帮助学生日省其身、认识自己、建立自信，激发学生全面发展的内生动力。

二、发展性评价

新课改倡导评价应"立足过程，走向发展"。多向互动活动作文教学中引入发展性评价机制旨在促进学生写作水平的提高、个性的发展、能力的提升，促进教师专业的发展。那么对于学生的发展性来讲就应该摈弃传统评价机制中的目标本位主义、分数决定论，而应该从学生身心发展的规律出发，组织安排有益学生身心成长的活动，帮助学生不断地发掘潜力，明确兴趣所在。教师要珍视学生的生活感悟，重视学生情感、态度、价值观的引导。在作文教学中，教师应以发展的眼光评价学生，让评价成为学生发展的动力，在发展性评价中全面培养和提高学生的作文能力。既重视学生的学业又挖掘学生多方面潜质。与此同时，"教学相长"，教师也要具备反思精神，与学生共同成长，不断调整教学指导方式，总结经验和教训。建立促进教师不断提高的评价体系，建立教师自评为主，教师、学生、家长参评的评价制度，帮助教师从多角度多方面收集反馈信息，提高教学水平，促进专业深入发展。

三、多元评价

多元评价相对于主体单一、方式单一、观念单一的传统作文教学评价，我们认为传统的单一化评价机制其实质和目标取向的评价方法是殊途同归的。首先，我们谈评价主体的多元。就活动作文教学的评价主体而言，学生是主体中的首席，因为学生是活动的主体参与者，他们对活动过程中的所闻所见都是亲历性的，因此他们在写作过程中所描述的情形、融入的情感、阐发的情思都是"原生态"的，具有重要价值。对于孩子而言，这种寓学于乐、有感而发、悦纳自己的学习和评价方式有助于挖掘他们的潜能，发挥他们的特长，帮助他们的成长。教师在活动作文评价中更多的是策划者、启发者、引导者的角色，他们可以在整个活动进行时以及学生写作时提出一些益于开阔思路和视野的建议，对于学生作文的结构也可以站在更高层次上帮助学生把握。家长也是评价主体中的重要角色，因为每位家长对于自己孩子的行止动静、性格爱好都十分了解，家长对活动中以及作文本上的孩子的评价有助于教师更好地了解学生，从而更好地发现孩子的优缺点，帮助孩子全面发展。其次，我们谈评价方式的多元。我们应在活动作文教学中强调多元价值取向，强调对评价对象进行各方面的综合考察。也就是说，我们在评价时不应只为拿写好作文这把尺子去衡量学生。第三，我们谈评价理念的多元。评价是为了进步、完善乃至完美，那么在活动作文教学中就应该解放思想，开放观念，不唯文笔马首是瞻，更加注重提升学生观察生活、能悟会品的能力，更加强调平等、理解、合作、互动的主体性评价的价值理念。

多向互动活动作文教学的展开，突破了传统的作文教学模式，开辟了作文教学的新天地。以"立人"为本，通过组织或设计学生能够并且愿意参与的活动，开发学生的生活源泉和情感源泉，使活动成为作文的材料，让学生留心体验。这与传统作文闭门造车、空洞无物的做法、一味要求单一作文训练相比，是一个巨大的改变。我们可以看到，通过活动作文的教学，写作已经不单单是让生活更丰富多彩，更重要的是多元的解读生活，记录学生心智的成长过程，使学生形成社会参与能力，最终推进素质教育的发展。

第五章

社会生活融合模块

语文教育的核心是全面提高学生的语文素养，训练学生的听说读写能力。最终的目标是让学生适应社会、服务社会、改造社会。社会是一本大教材，积极地让学生参与到社会活动中，留心观察社会，细心思考，耐心积累，可以有效地补充学生习作的素材，提高习作的兴趣，更好地融入生活，体现语文教育的综合性和实践性。

第一节　融合的意义

一、融合的含义

语文实践活动，它通过学生自己组织，打破学科逻辑的界限，以学生的兴趣、需要、能力为基础。比如现场观察、走进社会、体验学习、课堂讨论、查阅资料等。学生是学习、实践的主人，教师只是学习、实践的引导者和组织者、服务者。新课程标准关于语文实践性特征的阐述，赋予语文教育以新的内涵和意义。然而，在对语文实践的认识上和具体的实践过程中，还存在着一些误区和不当之处。将实践与语文有机地结合起来成为当代教师必须正确认识的问题。对语文实践的内涵、特征进行辨析、思考，可以避免语文实践少走弯路，使教师在培养学生综合语文实践能力的工作中取得更好的效果。因为学习的知识都是要通过实践去检验的，而学习理论知识很大的一个目的也是去指导社会实践，这也更增加了实践的检验作用。在语文作文教学过程中，社会实践同样占据着不可缺失的地位。在语文学科教学过程中，社会实践是检验学生知识运用能力的最好途径，运用所学理论知识，在社会实践过程中，完成指导作用，是对学生的锻炼，也是对教师教学结果、学生学习知识的检测。用过去人们对生活的归纳和总结来指导现实生活是很具有文化意义的。

二、融合的意义

写作教学是语文教学的一项重要内容。目前，小学生在写作中遇到的比较普遍性的问题是无话可写，提笔不知所云。由于小学生身心发展特点，使其无法掌握过多的语言知识，知识积累非常有限，这就会在小学生进行作文写作时造成严重的困扰，小学生会由于缺乏写作素材，词语积累贫乏等原因，在进行写作时感到非常吃力，完成得比较艰难。长此以往下去就会挫伤小学生的写作积极性，使其对写作感到惧怕。缺乏写作素材是问题的核心，"巧妇难为无米之炊"解决这种情况的主要方法便是教师引导学生摆脱语文教材的束缚，去学习"社会"这本大教材。"语文的外延与生活的外延相等""教材不是惟一的学习材料，教师不是惟一的信息传递者，课堂不是惟一的学习场所。"所以，应引领学生走进社会，开展丰富多彩的语文实践活动，这也是让学生学会学习的有效举措。

第二节 融合的形式

走进社会实践与写作融合，按照参与主体的不同可以分为以下几种

形式:

一、自主探究

根据语文新课标的要求,学生是学习的主体,我们必须树立牢固的生本思想。因此,很多活动,可以以学生为主导,充分发挥学生的主观能动性,避免大包大揽,担心学生碰壁,即使是学生多花了力气,多绕了几个弯子,这些探索发现的过程,对学生而言,也是一笔财富,对写作而言,更是有很多益处。所以尽可能地减少教师的帮扶,让学生独自或者通过小组合作等方式完成活动,重视参与的过程,不要太在意结果。从某种角度来说,写作就是记录孩子探索发现的过程,而不是呈现单一的结果。比如,让学生到田间观察水稻的种植、生长、除草、施肥、收割的整个过程,记录农民伯伯的艰辛,在整个观察过程中,学生除了用眼睛看,还可以动手体验这些农活。通过这一活动,学生体会到了种植水稻的艰辛,学生亲自参与了活动,也就有话可说、有情可抒了。有的学生在习作中表达了对农民伯伯的赞美,有的则表达了对自己以前不珍惜粮食的后悔,还有一些学生表达了自己未来要应用科技、减少农民辛劳等发自内心的感受。此类活动可放手让学生自主完成或小组合作完成。

二、教师组织

对于一些初次组织的新鲜的社会活动,或者是某些有难度的活动,教师可以根据习作内容,设计有针对性的社会活动方案,为学生提供一些建议,引导学生发现一些可能发生的潜在的问题。学生在教师引领下,合作分工,完成活动和后续写作任务。比如,采访工厂里的工人,就需要教师指导学生确定采访对象,联系工厂,预设采访内容。有了教师的引导,学生才会有明确的活动目标,活动开展得更有效率。

三、家长引导

家长是学生参与社会活动的最大帮手，教师不可能，也没有精力一对一地指导学生，家长不仅可以保障学生活动中的安全，还能对学生活动中出现的问题进行指导。家长的参与除了丰富了学生的写作内容外，还加深了孩子与父母的情感交流，所以，有效地调动家长的积极性非常重要。比如，游记类的体验活动，就需要家长帮助完成。人教版小学语文四年级上册有一篇课文《乌塔》，讲述的是一个外国小朋友如何通过个人的努力筹集资金、周游世界的故事，为了锻炼学生，我也要求学生制定一个短途的出行计划，内容包括：出行的地点、出行费用的获得、出行人员、出行安全保障等。这一活动就需要家长的密切配合，教师讲清楚此次活动的意义和价值，让家长帮助孩子用自己的劳动获取报酬，由家长审查出行地点，出行安全隐患，做好后勤保障工作。很多老师担心家长不会配合，不敢给家长布置任务，实际上，大部分家长在了解活动的意义后，会积极主动地配合老师，毕竟孩子的成长是老师和家长的共同目标。实践证明，家长的参与是此类活动成功的关键。

四、创设情境

情感是生动语言的必要条件，也是语言表达的主心骨，更是作文写作最根本的动力来源。因此，在小学语文作文教学过程中，教师需要设置一些教学情景，引起学生情感上的共鸣，使得学生充分了解课堂教学内容，全身心地融入到教学活动中，为培养学生的写作灵感做铺垫。让学生走进社会现实，设计说写活动，并不是说所有活动项目都必须走出学校，在社会现实中完成，有些环节完全可采用虚拟情境，创设班级社会情境等办法，同样有助于培养学生的社会和人际关系能力，达到训练学生说写能力的目的。某些社会情况，学生已有不同程度的了解，可通过组织学生交流和向亲戚、朋友或有关人员作进一步了解。为此，教师可在课堂创设"分享小心事"的活动情景，每节课给学生五分钟的时间，每个学生随机抽签分享一件自己感触最深或者最想与同学分享的小心事，激发学生书写的灵感。

例如，在写作有关太阳的作文时，教师可以说：天边有一轮红红的太阳，那一望无际的天边，那红红的太阳像淘气的孩子跑得通红的脸。通过这种生动的描绘与假设，学生就可以将抽象知识具体化，进而认识太阳，写出生动的作文。而且通过这种假设情景，可以让学生对太阳有大致的了解，进而保证写作内容紧扣主题，同时也会激发出学生写作的灵感。

应该明确，孩子们的主要任务是学习，是健康快乐地成长。他们有好动贪玩的天性，有好奇心，引领孩子走进社会旨在让他们更好地学习。让他们参加适宜的社会实践活动当然必要，但孩子们毕竟年龄小，若不管合适不合适，不问效果如何，动不动就拉孩子们去参与社会活动，显然是不行的。

第三节　融合的内容

一、设计方案写人物

学生在校接触到的人物主要是同学、老师。家庭中接触到的人物主要是爸爸妈妈之类的亲人。社会中的人物反而很少写，究其原因，不是孩子们不想写，而是不了解社会中的人，也没有人为他们创造条件去接触这些人物。当个别学生偶有机会触动感想，写一写社会中的人，反而会让我们老师觉得耳目一新。那么怎样设计活动方案让学生写社会中的人呢？

（一）设计高效有针对性的活动方案

我们可以设计一些人物专访活动，让孩子多接触社会中的人。比如以最敬佩的职业为话题，让孩子们走上街头，观察社会上各行各业的人，通过采访、调查问卷等形式与写作对象沟通，拉近与陌生人之间的距离，对各种职业有一个真实的了解和体验。

（二）保证充足的活动时间

有些活动不是短时间就能完成的，所以可以给学生充裕的时间，有时候也可以通过写日记、随笔的形式，让学生把平时观察到的想到的记录下来，写作的时候可以整合材料，随时提取需要的信息。比如写交警站岗，我们常会引导学生运用典型的环境描写烘托人物形象的写法，学生可能会想到写烈日炎炎的夏天和寒风凛冽的冬天，那么为了完成一篇习作，学生不可能花一年的时间去观察交警，这就要求教师教育我们的学生，注重平时的积累。如果平时看到交警执勤典型的事例就随手记录下来，那么写作的时候材料就更充分了。厚积方能薄发，语文的学习，一定要重视积累，写作尤其要注重素材的积淀，需要用时，从大脑或者平时的摘记中提取需要的内容。

比如，以"行行有艰辛，行行出状元"为活动主题可以设计如下活动方案。

1. 课前作业

同学们，你们的父母是做什么工作的？父母在工作中遇到过哪些困难，请回家与父母沟通，写成100字左右的简介。

2. 课上交流

说说你对父母工作的了解。教师点评学生发言。你认为生活中哪些人的工作比较辛苦，板书，学生交流补充，选择大家都比较关注的几种职业，比如清洁工、警察、交警、建筑工人等。然后让学生按照四人小组为单位，去采访自己感兴趣的生活中从事各行各业的人们。

3. 分组设计活动方案

教师在 ppt 上出示几个问题让学生进行组内讨论。问题包括，你们小组是如何分工的？（记录人、采访人）你们准备采访哪些人？为了完成采访，围绕被采访人请设计三个有针对性的问题。如何应对采访中可能遇到的困难？（被采访人不配合、人员意见不统一、被采访人意见不一等）制定一定的应对方案。

4. 开展活动

在家长或老师的监护下，学生自主到校外开展活动，按照计划采访相关人员。

5. 组内交流，完成习作

采访结束后，以小组为单位，总结采访经验，分享采访内容，进行习作。

6. 课堂交流，修改习作

学生分享习作，既能增强学生写作的自信心，又能相互学习，共同进步。教室在这一环节中，要注重写作技巧的指导，比如环境烘托，对比等，让丰富的材料体现最大的价值。重视情感态度价值观的引导，懂得尊重他人，热爱生活。

学生习作：

我最敬佩的一个职业

黄梦涵

今天，张老师给我们布置了一个有挑战性的任务——采访一个我们最敬佩的人。

我和娄悦、蒋君今三个人经过再三讨论，最后终于决定去采访环卫工人。

炎炎夏日下，我们走出空调房后，艰难地迈出一步又一步。终于，看见一个身影在太阳底下摇动着，我们就像在沙漠里见到了绿洲一样，兴奋地跑了过去。

"请问您觉得您在工作上遇到过的最大的困难是什么?"还未等他反应过来,我就迫不及待地提出了第一个问题。果然,心急吃不了热豆腐,他抬起头疑惑地看了看我们,扭头走了。

我们很失望,但是毕竟失败乃成功之母,我们总结了失败的教训,很快找回了信心,又踏上了采访的征程。

不久,我们又看到了一位阿姨,她的额头上布满了豆大的汗珠,还不时地用手去抹。我心里一阵阵感慨,如此热的天,许多人都在家里吹空调,可他们呢?

我调整好心情,小心翼翼地问:"阿姨,我们老师布置了一项作业,现在能耽误你两分钟时间吗?请您配合一下。"阿姨抬起了红彤彤的脸,上下打量着我们,嘴角露出一丝微笑,用不那么标准的普通话说:"可以。"

得到了被采访人的许可,我欣喜若狂,立即提出了我们设定的第一个问题:"请问您在您的工作上遇到过的最大的困难是什么?""行人们乱丢垃圾,有时候劝说的话,还会用不文明的语言进行谩骂。"她说这句话的时候,我仿佛从她的脸上体会到了她的无奈。

"那你想和那些丢垃圾的人们说些什么呢?"她听到这句话,一下子精神起来:"希望他们提高素质,尤其是那些开车的人们,不要从车窗里丢出垃圾,贪图自己的'方便',却给城市抹黑。"

"最后一个问题了,你后不后悔选择了这个职业?"她犹豫了片刻,支支吾吾地说:"我……不后悔,选它也只是为了维持生计,再说,这工作也很有意义,并不后悔。"我惊呆了,没想到她竟然能说出这样一番话,蒋君兮飞快地记录着。

我们和阿姨道谢后,便告别了。

一个普通的人,一个朴实的人,一个低调的人,一个伟大的职业,清洁工就是我最敬佩的职业。

二、体验运用写活动

社会是学生学习的大学校，要多让孩子参与到社会活动中，才能开阔眼界，提升能力，激发写作兴趣。让孩子参加社区活动，观察社会，关注本地区和国内外大事，留心身边发生的一些感兴趣的问题，策划某些适合学生参与的社会活动等。可让学生每次围绕一个专题，通过采访、调查、网络查寻、利用图书馆等方式查找与这一专题有关的信息、资料。通过讨论、分析、交流、制订活动计划、写调查报告、写活动总结，或图文结合表达见闻、想法，或做广告，或当导游，有组织地带领学生集中活动，比如进行集体扫墓、去养老院献爱心、外出夏令营、参观工厂、企业等系列活动，培养学生的综合素养。

以班级外出烧烤活动为例。以往安排此类活动，均是班级家委会群策群力，那么为了将写作和活动融合在一起，特地安排学生全程参与到整个活动中来，把她们当成完全独立的个人，充分尊重他们的意见。在制定烧烤地点、联系景点、门票预定、烧烤架租赁、食材购买、集体出行安排、分组烧烤、后勤清洗等活动中的每一个步骤都让孩子们去参与，一方面锻炼孩子的各项能力，另一方面让孩子真正地参与活动，留下深刻印象，后续写作自然会水到渠成。爱玩是孩子的天性，在玩的过程中让孩子有所收获就显得格外重要了。在整个活动中，学生获得了大量的写作素材，围绕活动，学生可以写《难忘的一次活动》《班集体的一件事》，除此之外，学生还可以聚焦到活动中的某一个环节，写《一次难忘的经历》《最敬佩的一个人》《今天我当家》《我学会了——》《团结力量大》等作文。需要教师注意的是如何引导学生有效地积累材料、合理使用这些材料，教师在课堂上都要及时给予指导。

学生习作

最敬佩的一个人

娄　悦

四年级的一个周末，我们班级组织了一次外出烧烤的活动。

那天早上，我们兴高采烈地来到了烧烤的目的地——欢乐佳田。终于到了！好香啊。刚下车，一阵阵清新的花香便扑鼻而来。这儿山清水秀，树上有鸟儿在唱歌，地上有百花在争艳。我们按照原计划行动起来。

大家一起小心翼翼地合力把东西搬下来。慢慢地，我们开始给烤炉生火，先把竹炭放进去，再在中间放一块固体酒精，用打火机点上火，"呲"得一声，炉火生好了。

我们一起把蔬菜和烤肉拿了下来。我们迫不及待地拿起烤肉烤了起来。当我们的脸被火烤得个个通红时，王俊毅的爸爸王叔叔走了过来"热了吧！让叔叔来吧！"说着接过一串烤肉娴熟地烤了起来。

"肉烤好了，快来吃哦！"王叔叔一边翻烤肉串，一遍热情地招呼着我们。我们簇拥在王叔叔旁边，心满意足地拿到了美味的食物。当我们坐在树荫底下美美地吃着肉串时，王叔叔却在炎炎烈日下继续忙碌着，太阳晒在他的皮肤上像刀刺一般，我在太阳底下站一会儿，手臂和脸就会通红，更别说站在太阳底下一个多小时了。我慢慢走过去，能清晰地看到王叔叔头上那晶莹的汗珠一滴一滴地流了下来，整个头像洗过了一般。

我原本嚼着热狗的嘴慢慢地停了下来，不停地看着王叔叔。我终于忍不住了，走了过去说："王叔叔要不让我来吧！您都热得满头大汗了。""那可不行，怎么能让你一个小孩子来呢！"王叔叔焦急地说到。"那您先去擦把脸！"王叔叔这才答应了。

当我们吃完烧烤准备收拾东西时，王叔叔也最积极。"嗖——嗖——嗖——"的一下就马上收拾完了。如果今天可以评"最佳劳动奖"，那么非王叔叔莫属。

一片阴凉地，一杯饮料，一把烤串，每个人都想这样度过烧烤时光，可王叔叔却选择了站在烤炉旁。只因为他心里想着别人。

这就是我最敬佩的人。

三、观察思考写景物

这里的景物不仅仅指那些供人赏玩的景点，而是分开理解。"景"指风景、景观；"物"指事物、物体。他们有时会融合在一起。学生除了直接描述这些景物外，还可以让他们写写内心的感触，这样才能发展学生的思维，拓展文章的广度和深度。

比如，我曾经在公路旁的一座小山上，发现几棵大树长在可怖的岩石上，而且长得很好，这一情景让我印象深刻，我联想到，这山上的树木就像我们一个个人，岩石则是一种恶劣的生存环境，"命运"与"环境"的关系呼之欲出，环境可能影响命运，但不会决定命运，人却可以改变或者战胜环境。所以我有感而发，决定以"环境决定不了命运"为话题教育学生，进行习作。为此，我进行了如下教学设计。

（一）激发兴趣

同学们，你常看到的树木是长在哪里的？生说土里。为什么呢？土可以提供充足的养料、水分等。

（二）引导观察

那么，你看到过大树长在岩石上吗？在岩石上，树木会不会长得病恹恹呢？老师在学校外的小路旁看到了，请你放学后，在家长的陪伴下去看看吧，把你看到的、想到地写一写，明天跟同伴们交流。

（三）初写分享

学生分享昨天的作品，大部分写出了树木的高大挺拔，岩石的贫瘠。教师一一进行评价。

（四）教师点拨

同学们，你们写得很多都是大树长得怎么样，表达了对大树的喜爱和敬佩，那么想一想，大树为什么可以长这么高大，他和长在土里的大树比，他需要付出怎样的努力？生说根扎得更深，让自己更强大等。

如把这棵大树比作人，你觉得哪些人跟长在岩石中的大树相似？

如果把土壤比作优越的成长环境，那么岩石意味着什么？

学生沉思半分钟，回答：身处逆境之中，不放弃，经过努力获得成功的人。

（五）结合场景思考

请同学们思考人的命运与环境之间，存在着怎样的关系呢？

学生自由发言，引导学生关注个人的努力，引入一部经典名著《雾都孤儿》，简述故事内容，19 世纪 30 年代，雾都伦敦，小男孩奥利佛·特维斯特自幼被父母抛弃，孤独地在教区抚幼院里长大，随后他被迫进入苛刻的巴姆鲍经营的棺材店里做学徒，由于不能承受繁重的劳动和老板的打骂，他逃到伦敦街上，成为一名雾都孤儿。在伦敦游荡的时候，独自一人的奥利佛被当地一个扒手黑帮盯上，并且被险恶的费金骗进充满罪恶和肮脏的贼窝，费金希望能够将奥利佛训练成一位盗窃能手以成为自己的"孩子盗窃集团"的一员，从而又多了一个可以为自己获取不义之财的途径。身陷囹圄的奥利佛得到和蔼的布朗罗先生的帮助，但仅仅是他一系列冒险经历的开始。恶劣的环境、重重的误会、人性的黑暗包围着奥利佛，在流浪中他历尽艰辛，但奥利佛始终保持纯真的心，对生命抱有希望，甚至让二号贼首赛克斯的情妇南希良心发现，在他天真纯洁的身上看到往日清白的自己，最终冒着生命危险将奥利佛救出贼窟。然而，南希为了救这位可怜的孤儿而被杀，奥利佛·特维斯特经过百般周折之后，终于知道了自己真实的身份……

教师引导学生发现：奥利弗虽然深陷盗窃团伙，但他并没有受到坏人的影响，始终保持着自己内心的善良，最终获救的事例也说明了，决定人命运的不是环境，而是自己的内心！

（六）二次写作

结合课堂谈论，把你现在想到的加入你的文章当中，想清楚哪些部分是写作重点，写出自己的思考。

像这样由生活中的景物联系到生活中的人或者道理的例子还有很多，比如农民伯伯给果树修剪枝条，有的是希望多分枝，有的是希望长得高，长得直，引导学生留心观察，深入思考。从这一例子中，如果我们把果树和人的成长对比着来思考，我们可以领悟到每个人的成长都不一样，每个人都有适合自己的成功之道，或者我们也可以领悟到每个人的成长都是多样性的，具有很强的可塑性，如果不加以合理引导，容易误入歧途。通过进行这样看似简单的作文课，让学生在充分观察、自主发现、充分思考的基础上进行写作，提升了作文的内涵，提高了写作的兴趣。

学生习作：

岩石中的大树

蒋君兮

"同学们，你常看到的树木是长在哪里的？"老师问道。"在土里。"同学们异口同声地说。"为什么？"老师继续问道。"因为土里可以提供充足的养料和水份。"同学们说。今天，老师却让我们观察校园里那棵长在岩石上树。

"它"，一棵长在岩石上的树。我曾经有无数次的路过它，但我却从未停下脚步，好好看过它。从前，我觉得它和其他树没什么两样，但是，我却遗漏了它许多的优点。

今天，我带着任务，终于停下了脚步，开始仔细观察它。我从它身上，发现了它和其它树的不同点。原来它是一棵长在岩石上的树。但我看到的它，却不是一棵病怏怏的小树苗，而是一棵挺拔的大树。我心想：岩石里并没有足够的水分，也没有充足的养料，而这棵大树，是怎么得到充足的水分和养料的呢？

我抚摸着大树，终于明白了。因为岩石不可能提供充足的养料和水份，而长在岩石上的树，就必须付出比种在土里的树多一倍的努力，让根扎得更深，让自己变得更强大些，这样才能得到和土里一样的养料和水分。

看着岩石中的大树，我心想：这不就和我们人一样吗？那长在土里的大树，就如同生活条件优越的人们，那长在岩石里的树木，就如同身处逆境的人们，但他们却永不放弃，他们相信有一天，奇迹一定会发生的。比如，霍金，他虽然年纪轻轻就全身瘫痪，只有三根手指能动，但他却还是乐观地对待生活，最后还做出了伟大的贡献。

多么可敬的大树啊，我不由得想到一部名著《雾都孤儿》。故事简介，身世坎坷的奥利弗被当地的一个扒手黑帮盯上，他把奥利弗骗进自己的贼窝，想将他训练成一名盗窃能手。就这样，奥利弗开始了一系列冒险经历。虽然奥利弗被人性的黑暗包围着，但他始终保持纯真的心，对生命抱有希望。二号贼首赛克斯的情妇南希良心发现，最终冒着生命危险将奥利弗救出贼窝。然而，南希为了救这位可怜的孤儿而被杀。奥利弗经过百般周折之后，终于知道了自己真实的身份。

奥利弗虽然深陷盗窃团伙，但他并没有受到坏人的影响，始终保持着自己内心的善良，最终获救。

岩石上的大树不也是这样的吗？岩石中的大树，告诉了我一个道理：决定人命运的不是环境，而是自己坚强的内心。

四、自编自演写情绪

我们在写作中经常发现，学生记事作文内容太过单调。学生的注意力都放在学校和家庭上，比如同学帮助自己一定是借笔、借尺子，父母照顾自己，一定是打伞的时候淋湿了自己，保护了孩子。老师改来改去都是千篇一律的"范文"，我们应当告诉学生，在生活中有更多新鲜有意义的事情值得你去写，并让学生养成"我手写我心"的习惯。比如，本人曾经设计过这样一节自编自演的作文课：

如果你在生活中遇到困难，需要向陌生人借10元钱，你会怎么做？你打算用什么理由让别人帮助你？请在放学后向陌生人借10元钱，要求在半小时内向陌生人借钱，如果成功借到，请归还钱，并表达对他人的感谢；如果失败了，自己总结失败的原因。无论借钱成功或者失败，都没有关系，都算完成作业，最关键的一步是让学生将借钱的经过写下来。设计本次习作课主要目标是培养学生的语言表达能力，遇到困难的自我应对能力，以及与陌生人沟通的勇气等。从学生完成习作的实际情况来看，"难开口"成了一个大问题，很多学生不敢与陌生人交流，或者第一次尝试失败后，再也没有勇气开口，这种情况，一方面说明孩子能力不足，另一方面也说明开展此类社会活动的必要性、价值性。为了帮助孩子完成作业，我在课堂上给学生分组，进行情景模拟，学生上台展示"借钱"的过程，台下的学生当评委，评价同学的表现，提出自己的意见，最后进行小组内部讨论，探讨组员的表达是否有可信度和说服力。完成学校的准备工作后，还需要与家长沟通，告知作业内容和意义，要求家长配合孩子完成作业，保证学生安全，进行必要的指导和心理安慰。从后期学生完成的习作来看。学生的习作很真实，尤其是描写自己紧张的情绪表现非常到位。自编自演的一次活动，让孩子的习作有了动力，对于如何写自己的情绪方面也有了很大进步。

学生习作：

一次有趣的作业

葛伟赟

那天，是我们即将放学的时候，语文老师给我们布置了一样很具有挑战性的作业，那就是向陌生人借十元钱。听完，我又激动又不安。激动是因为终于可以展现我的语言表达能力和亲和力了，不安是因为害怕借不到钱。此时，我的心犹如十五个水桶——七上八下。

吃完晚饭，我和妈妈一起来到了宁海最繁华的地带——西子国际。开始行动了，我让妈妈躲在一边，自己开始在人群中穿梭，想找个看似和蔼可亲的阿姨，一会儿，一个阿姨映入我的视线，我跑过去，对那个阿姨说："阿姨，能借我十元钱吗？我……""你要干嘛？"那阿姨瞟了我一眼，"你要十元钱干嘛？"关键时刻，我却支支吾吾说不出话来，阿姨看我不说话，于是就走开了。我失望极了。

望着阿姨远去的背影，我不禁反思自己，难道是我说话吞吞吐吐的原因吗？还是太紧张了，一定要专注啊。等我重新振作起来，我吸取了上一次的经验教训，再次在人群中搜索"目标"，找了好久，最后我锁定了目标，来到她旁边。说："阿姨，能借我十元钱吗？"那阿姨好像没听见似的，我又重复了三遍，她还是理都不理我，把我当空气一样对待，我很失望，心想："我好歹也是一个人啊，何必把我当空气一样对待。"我的心情一下子跌入了谷底，开始打起了退堂鼓。

在妈妈的再三劝说下，我决定再去尝试一次，这次我随机找了一位叔叔，"叔叔，能借我十元钱吗？""干什么？"叔叔问。"我看电影时，不小心把我乘车的十元钱弄丢了""你可以坐公交车啊！"我心想："我怎么没想到这个缺陷呢？"我灵机一动，说道："公交车没有能到我家的。""哦，原来是这样啊，我看看我有没有十元钱。"说完开始翻找起来。十秒钟过去了……半分钟过去了……一分钟过去了……

我心想："他一定是故意的。"于是，我就打算走了，没走几步，那叔叔叫住我："喂，你的十元钱！"啊！那声音是如此悦耳！如此动听！我接过十元钱，说："谢谢您，让我知道这世界上还有如此善良的人！这其实是老师布置的作业，现在我把十元钱还给您。"还了钱，我们拍了照，便回家了。

这件事让我懂得了，任何事只要勇于尝试，就会成功！而且要相信这个世界还有善良的人！

五、再现情境写事件

上文提到，出于种种原因，学生不可能经常外出参与社会实践活动，那么教师可以根据习作内容，在学校里安排学生表演情景剧，再现"生活场景"。这种做法有很多优点，一方面大大提高了学生的积极性，学生热情高涨，为写作做了很好的铺垫；另一方面，节约了大量的时间，保证了活动的流畅性和安全性。例如，本人曾经安排了以《扶不扶?》为题的习作课，因为当时在社会上都在讨论遇到摔倒的老人要不要扶? 作为教师有责任引导学生认清社会现实，更有责任引导学生追求真善美! 所以，我在课上让学生扮演摔倒的老人，另一些同学扮演路人，学生们表演了在搀扶老人后发生的不同结局。孩子们在欢笑之余，也多了一些思考。通过情景剧的表演，孩子们了解了这个社会的"病态"和复杂性，作为教师，也要引导学生树立正确的价值观，做好自己才能改变社会。那次习作课进行得非常成功，孩子们有很高的参与热情，后续的写作也能在充分交流的基础上完成，质量很高。

学生习作：

扶不扶

杜昕蕾

一天，老师上了一堂课，课上老师说了："改变这个社会，就要把善良耕种在孩子心里。"老师请了两位学生上来，一个扮演老人，一个扮演路人，"老人"坐在路上大喊，路人去扶，怕被老人骗钱；不扶，就怕那是一个好人。

清晨，我走在大街上，人们还在沉睡，大街上只有一些早起买菜和一些环卫工人。突然，我发现一位老人坐在马路中间，大声喊："哎哟！哎哟！我站不起来了！哎哟！谁来帮帮我呀！"老人的叫喊声引来了一些人在旁边围观，却始终没有人去扶老人。我见了，第一个反应就是想到同学在课上扮演的那老人骗路人的情景与老师说的"改变这个社会，就要把善良耕种在孩子心里。"我脑子一转想出了个好办法，拿手机拍下了那老人的一举一动，拍完了便兴冲冲地跑上前去扶老人，我边扶边说："老人家怎么样？""哎哟！你为什么推到我呢？哎哟！我站不起来了！怎么办呢！年轻人啊！明明是你推到我的，为什么这么久才扶起我，赔钱！我万一骨折了怎么办？"老人说完便抓起我的裤角不放。"老人家！明明是你自己倒在地上的，又怎么能说是我推的呢？就算你是老人家也不能这么不讲理啊！我可是有证据的！"说着便举起手中的照片，老人被当众揭穿了，低下头用手挡着脸，灰溜溜地逃走了。

老师说，改变这个社会，就要把善良耕种在孩子心里，而我们要把善良永远留在心里。

第四节　社会实践与写作融合的开展要点

一、坚持趣味性原则

开展的活动要有趣味性，并不是所有的活动都适合孩子参与，教师所选的活动要贴近学生生活，让学生感兴趣，易于完成。选择开展什么样的活动，是一节实践作文课成功的关键。学生熟悉什么，对什么感兴趣，就让学生去做什么，写什么。除了考虑趣味性外，活动的开展，还要结合习作的内容进行设定，而不是先活动再随意写的放养模式，应当围绕写作目标有针对性地设计活动。此外，开展的活动要符合学生心理和认知规律。不能盲目地拔高，过早的灌输成年人的理念，束缚学生的思想。

二、坚持设计周密原则

对教师而言，活动设计要周密、要有预见性、习作指导要及时得当。教师是整个活动的引导者，必须对整个活动负责。教师选择某一适宜小学生参与的社会活动，有组织地带领学生集中活动，或参观工厂、企业，或专访有关人物，或观察某一现象，回校后师生交流所获信息，分享有关资料，分析讨论有关问题，再组织学生写广告、当推销员，或写人物专访、小通讯，或写调查报告、建议性意见、说明文、倡议书等，可视具体情况，选取适宜的几项，或独立完成，或合作完成，构成系列，形成读、说、写"套餐"。

教师在平时的教学过程中，需要提醒学生注意观察生活周边的事物，教师还要在课堂上应用一些新鲜例子进行讲解，开拓学生的眼界。同时，教师还要指导学生积累日常生活中出现的一些新的作文素材，提高学生的作文写作水平。为此，教师需要让学生充分认识到积累作文素材的重要性，以及作文素材与生活之间的关系。比如，教师在开展课堂教学的过程中，使用对话的形式与学生交流、沟通，可以问问学生昨天回家的时候有什么有趣的事情发生；周末爸爸妈妈有没有带他们去哪里玩耍等，然后让学生将这些内容应用到自己的作文写作中去，促使学生认识到作文写作与生活是密不可分的，认识到作文素材来源于生活且高于生活。

教师既要从教学的角度出发，尽量让每个孩子参与进来，共同提高，又要从安全的角度考虑，确保活动能够安全开展。教师要有预见性，每次习作活动课，学生可能会遇到哪些困难，活动可能会让学生获得怎样的体验和收获，教师本身要有一个清晰的预判，并在活动的过程中，及时发现新问题，开展活动主要为写作服务，树立写作为本的理念，否则只是热热闹闹地玩玩，玩过之后，没有任何收获，与语文教育全面提升学生语文素养的目标背道而驰，所以，教师在活动中的恰当时机对学生进行必要的写作指导，孩子的注意力也许仅仅停留在活动本身，这时，教师的引导就显得尤为重要了。

三、坚持选择与分享原则

对学生而言，要充分参与活动，学会互动交流，学会积累分享。每次活动教师可以提供多项内容，让学生任选其中一个，学生也可另定自己感兴趣的，通过各种渠道，分散搜集有关信息，获取有关材料，然后组织同专题的学生互动交流、交换信息，再引导学生写有关文章。活动中要尽量让所有学生参与，发挥学生的主观能动性，尊重学生选择，给他们自主活动的空间和权利，避免出现个别学生主导，其他学生当观众的情况。要告诉学生，每次活动的目标和意义，积极参与每次活动，认真完成每次习作。活动中，鼓励学生多思考，提倡多角度，有创意的表达。同时，培养学生积累材料的意识，因为活动的过程是丰富多彩的，一次习作可能只选择了其中一部分素材，那么其他的材料应当以日记或者随笔的形式加以记录，以备日后使用。

四、坚持灵活性原则

根据活动内容、活动难度灵活选择以学生为主或者教师主导的活动模式。比如某些语文实践活动，学生还是首次接触，如果脱离教师的辅助有一定的困难，一般采用教师主导的模式，即在教师的带领下集中完成大部分内容，便于随机引导和提供帮助。而有些语文实践活动任务，学生已经有了基础，做起来难度小，学生已具备了分散完成任务的条件，则采用学生自主探究的活动形式。当然，在具体的操作中，完全可以灵活变通，或增加内容，或减少项目，或综合运用，再造出一些变异的形式。

对于不同的活动内容，一些需要学生个体体验、感悟、练习的活动任务，可视量的大小，作为家庭作业，给学生一天或一段时间，放手让学生分散独立完成，因为每一个人都可以向他人传授知识，却无法传递他们对知识的体验过程。此类学习任务，若以集中合作讨论的形式进行，不仅无效，反而会阻碍学生的学习活动。与之相对，某些活动内容需要合作进行的社会实践活动任务，如策划、组织、协调等和一些应用性、扩展性的学习任务，则可将学生分割成小组（4—6人一组），让他们合作完成，教师应为学生的合作、交往提供帮助。有条件的，也可让学生与亲人、朋友合作完成，这些都要教师灵活选择。

　　走进社会，参与各项活动，可以将枯燥的作文教学变得生动有趣，将活动与写作融合，丰富了学生的认知世界，帮助学生积累写作素材，激发学习兴趣，增加学生主观能动性，培养学生各项能力，有助于全面提高语文素养。我们应当认识到，积累写作素材是一个长期的过程，写作能力的提高也绝非一朝一夕所能改变。作为教师，要有足够的耐心。

第六章

实践经验分享

第一节　作文起步训练

一、从"说"开始

作文起步训练，必须从一年级开始，注意强化说话训练，这样不仅可以为以后书面作文提供大量的词汇，正确的句式和适当的表达方式，而且可以使书面作文的一些要求预先得到训练，如句子的完整规范、语言的通顺连贯等。加强说话训练的方式很多，像看看说说、读读说说、听听说说、想想说说，做做说说等。有的在单独开设的听说训练课中进行（一、二年级每一单元都安排一次听说训练），有的渗透在课文教学中进行，还有的在课外的一些活动中进行。

需要强调的是，在进行说话练习的时候一定要注意两点：一是老师必须非常重视，因为只有当老师思想上引起高度重视的时候，才可以发现说话训练的机会几乎比比皆是，各种语言训练随时都可以穿插进去；二是要把发展规范连贯的语言放在第一位，把修饰整理语言放在第二位。低年级学生的口语，特别是一年级刚入学新生的口语表达往往是不完整、不规范的，语病很多。这时老师千万不要打断他，而应让他无拘无束地说话。这样，一方面可以保护他们说话的积极性；另一方面可以发展他们语言的连贯性。至于错误怎么办呢？可以等学生全部说完，再来修改。我经常这样引导他们说："啊，你的句子有毛病了，需要动点小手术，谁会呀？"于是能干的学生就举手了。如果学生改得还不够正确规范的话，我就改给他们听，然后让大家齐说这个正确的句子。接下来，我就开始做第二步工作，也就是修饰和整理语言，鼓励学生把话说得"美"一些，用上一些形容词、动词，运用一些句式。如学了《奶奶笑了》一课，组织学生运用句式（……给……干什么）说话，学生说了一句"我给妈妈拿拖鞋，泡茶"，我问："谁能加上表示时间的词把这句话说得完整一些呀？"学生说："妈妈下班回到家，我连忙给妈妈拿拖鞋，还泡了一杯热气腾腾的茶。"我又问："谁能比他说得更美吗？"于是更好的句子就出来了"妈妈下班一回到家，我就连忙接过妈妈的手提包，给妈妈拿拖鞋，还泡上一杯热气腾腾的茶。"像这样的说话训练坚持多做，不但能帮助学生积累大量的词汇，句式和表达方式，还为以后顺利过渡到书面作文打下了良好的基础。

二、尽早实现"说""写"转化

"说"毕竟不能代替"写"，何况说得好不一定能写得好。因为口头语言和书面语言无论在功能上还是在结构上，都存在着本质差别。人的书面表达是独白语言，只能用语言这唯一的手段来表达全部的信息内容，所以必须完整具体。而口头语言则不同，它是对话语言，有些话是间断的、省略而不完整甚至有重复现象。但口头语言和书面语言关系密切，书面语言是从口语中演化而来。尽早实现从"说"到"写"的转化，可以尽快帮助学生把书面语言从口头语言中解脱出来。我认为一年级新生学完拼音就可以进入"写"的阶段。因为在这以前的始业教育和拼音教学中，已渗透不少的说完整话的训练，如用完整话回答你叫什么、家住哪里、家里有几口人等。又如在拼音教学中，面对插图，要求学生用完整话回答图上有什么、怎么样或有谁在干什么等。通过这两个月时间的训练，学生说一句完整的话应该是不成问题的。这时候，可以尽早引导学生以拼音代字把句子写完整，写通顺，写明白。随着识字量的慢慢增加，逐步过渡到拼音夹汉字，汉字夹拼音，一步步从写一句话到会写几句话，再到会写一段话，到一篇简短的小文章。提早进行写的练习，可以使一年级学生从一开始就觉得发表自己的想法，写出自己想说的话是件很自然的事，并没有多大困难。我们应鼓励学生放大胆子写，写"放胆文"。

初写"放胆文"，学生的笔下肯定有很多口头语言的成分，特别在一年级新生的"一日一句"，基本上是口头语言的记录。但这里有一个渐渐变化的过程，我们在开始时不要着急。老师指导学生写放胆文的时候，千万不要说写作文，通常可把它叫做写话，记事，或者在教会日记格式后叫日记，为什么呢？因为学生对作文的认识开始是很少的，他们从家长或高年级的大哥哥、大姐姐那儿接收的信息是作文难，怕作文。还有学生往往把作文与课文和报刊读物上的文章混在一起，不肯轻易相信自己也会写出文章来，总觉得作文很神秘，高不可攀。为不使学生对作文产生神秘感和害怕情绪，在早期的作文教学中，一定要淡化作文概念，采取简易浅入的教学方法，暂时把作文知识和写作技巧"隐藏"起来。

三、童话引路，浅化入门

如何淡化作文概念？我们可以采用童话引路的方法，把学生引入作文大门。童话是儿童喜闻乐见的，而且在教材中多次出现，练习中还有看图编童话和根据故事开头编童话的训练，所以从一年级第二册开始，我们就可以进行童话引路的训练。具体这样操作：开始时我先讲一个童话故事给学生听，要求学生听仔细。听后自己说，通过"说"这个环节后再让他们把故事写下来。起先学生可能会有些困难，就适当地板书一些词语、句子，慢慢地不出现词语，全都让他们根据记忆写。接下来给童话故事加结尾、根据故事开头说写童话故事等练习。再后来，干脆给个题目，让他们自由编，像《小猪开饭店》《一把雨伞》等。孩子们兴趣来了，一下子就能编出来，我就让他们自己先说，说完了再写下来。孩子们个个兴奋极了，一堂作文课就这样轻轻松松地下来了，而学生呢，虽然并不清楚这就是作文，但对作文已经产生兴趣了，这不是很好吗？所以对于初学作文的学生来说，一定要让他们懂得作文不过是用笔说话。心里的话，嘴里说过的话，用笔写下来是不难的。

四、扩意写作法

二年级教材中，看图作文已经开经出现，到第四册逐渐多起来。看图作文以静止的画面为学生提供形象的题材，对初学作文者来说，确是一种很好的训练方法。指导看图作文的方法自然是很多的，在教学实践中，我觉得运用"扩意作文"以点带面的指导方法，老师操作起来比较简单，学生学起来有路可寻，也容易把握。叶圣陶先生说过："圆球有一个圆心各部分就向中心环拱，而各部分又密合无间，不需更动方成为圆球，一篇文章的各部分也应环拱于中心，为着中心而存在，而且各部分应有最适当的定位次列，以期成为一篇圆满的文字"，根据这段话的意思，我们可把学生习作比作滚雪球。先做一个圆心（确定文章基本内容也称"语言核"），再慢慢地滚（逐层丰富文章内容），最后成为一个大雪球（一篇作文）。在指导看图作文的时候，第一步是让学生看清图意，弄清讲一件什么事，确定文章基本内容，即语言核。第二步，是引导学生以点带面地丰富文章内容。先看清每幅图的意思，用最简单的一句话说出来，然后找出这句话中的重点词，进行发散性提问，最后根据所提的问题说一段话，力求把问题说清楚，把语言说完美。第三步是引导学生加上开头结尾和落段间的连接句，组成一篇文章。此法的关键在于以点带面，以"点"（词）起步，紧扣"线"（句）设计"面"

（段），最后构建"体"（篇）。这跟人的知识体系和认知框架极为相似，符合人的认识规律。这样的教学结构能由易到难，环环相扣，一步一步地帮助学生编织起一张清晰可见的、立体动态的思路图，学生有路可寻，写起来就比较容易了。老师这样指导出来的文章，基本内容或许是相同的，但表达的方式方法各不相同，绝没有千篇一律的情况。

第二节　看图作文教学

看图作文，以静止的画面为学生提供形象的写作题材，不失为训练和提高小学生的观察力、想象力、思维力和语言表达能力的一种较好的训练方式。但从当前看图作文教学的现状看，还存在着各种弊病。如何提高看图作文的教学质量呢？这里想结合教学实践谈一些体会。

一、调动学习积极性

教师的主导作用在于设法调动学生学习的积极性，学生学习的积极性越高，学生的主体地位才会体现得越充分，教学效率才会越高。为此，看图作文教学要注意以下两点：

（一）创设民主和谐课堂气氛

发挥老师的主导作用，教师应"导面不牵"。看图作文课，教师不能企图设计好一条严密的教路，让学生按教师指定的路子走，更不能把结果直接端给学生。看图作文的故事情节需要大胆创设，相同的情节可以有不同方式的表达，因此教师应努力创设一种民主讨论、平等和谐的课堂氛围，让学生按自己的思路大胆地、自由地说、写，教师只是扶持、点拨。这样，学生的想象力、创造力和言语表达能力，才能在他们不断地尝试、探究、研讨中得到锻炼和提高。

（二）设法让学生充分体验到成功

为了让学生能积极主动地投入学习，保持写作的热情，教师应该及时组织学生体验成功的乐趣，以形成写作的内驱力。在指导时，及时发现和肯定学生思维中的闪光点；讲评时，充分注意和表扬学生习作中的点滴成功。比如找出一些学生有特色的词、句、段，让全班学生进行品味，让他们感到写作成功的快乐，从而进一步激发其作文兴趣。

二、运用"网络式"教学结构

"网络式"的教学结构类似于人的认知框架。看图作文教学中的课堂结构，可从"点"（词）起步，紧扣主"线"（句），设计"面"（段），构建"体"（篇）。这种"网络式"的教学结构，能由易到难，以点带面，环环相扣，一步一步帮助学生编织一张清晰可见的、立体的、动态的思路图。它符合学生的认识规律，也符合学生语言学习的规律。下面以看图作文《抢座》为例，谈谈"网络式"课堂结构的运用：

1. 先出示三幅图引导学生仔细观察每幅图，确定"点"——即重点词。让学生分别用一个最恰当的词概括，说出每一幅图讲什么，即"抢座""插座""让座"。

2. 在有了重点词的基础上，接着引导学生用一句话说清每幅图的主要意思，确定"线"——即句子。

3. 引导学生围绕重点词进行发散性提问，如围绕"抢座"提问："抢座"发生在什么时候？什么地方？为什么会发生？她看见了什么？想了些什么？是怎样"抢"的？"抢座"后老爷爷怎样表现的？用一连串提问引导学生观察，再把一幅图说成一段话，完成"点→线→面"的转化过程。

4. "面面"组合，形成"体"。一幅图按问题说清楚就是一段话，三幅图就是三段话。引导学生加上适当的过渡句子把这三段话连接起来讲，就成了一篇完完整整的看图作文了。列表如下：

内容 图次	点 （重点词）	线（句）	面（段）	体（篇）
1	受邀	__邀请__决定__。	围绕"受邀"提问，说话。（问题略）	在前三段的基础上加上适当的连接词句，使之连贯成篇。
2	赴宴	__来到__碰到__。	围绕"赴宴"提问，说话。（问题略）	
3	明白道理	__原来__明白__。	围绕"明白道理"提问说话（问题略）	

　　这样设计，有以下几个好处：一是为学生提供了较为具体的作文内容，解决了看图作文"写什么"的问题；二是向学生提示了看图作文的一般方法，解决了文章"怎么写"的问题；三是降低了作文难度，有利于帮助小学生克服怕作文的心理。

三、重点指导写具体

　　看图作文的内容大都具有形象性的特点。尽管如此，由于小学生的年龄特征和心理特点决定他们只能写出事情大体的轮廓，而难以将事件写得具体生动。因此，看图作文教学的重点应放在如何指导学生把事情写具体上。

　　看图作文的画面，描绘的往往是事件的某一部分，既无运动，亦无声音可寻，所以，创设有趣的情节和鲜明的形象对学生把事情写具体是十分必要的。由于形象总是存在于具体的情节之中，而情节离不开鲜明的形象，它们相依相存。所以，指导学生把文章写具体有两条思路：一是为学生创设有趣的情节，这是纵向的思路；二是为学生提供鲜明的形象，这是横向的思路。

　　（一）"瞻前顾后"——创设有趣的情节

　　看图作文的材料有单幅图和多幅图之分，如果把图画所表示的事件看作一条情节的"线"的话，那么多幅图提供的是这条"线"中的几个"点"，而单幅图则仅仅是一个"点"，单幅图具有更宽阔的想象空间。从这个意义上说，指导学生进行单幅图作文要比多幅图作文难得多。在指导进行单幅图作文时，教师首先应引导学生在仔细观察图画的基础上"瞻前顾后"，即前想原因，后想结果。通过合理大胆的想象，使学生跳出实在画面的小圈子，拓宽作文内容的空间，由画内向画外延伸，由表及里把单幅图想象成多幅图，由一个"点"联想成几个"点"，再连"点"成"线"，创设出有趣动人的情节，为完整地表达画面所表示的事件创造条件。如：单幅图《一块橡皮》的画面内容是：一个同学正把一块橡皮递给同桌的同学。由画面内容想原因：这位同学为什么要把橡皮递给同桌？可能是同桌的那位同学早上来时匆忙忘了带橡皮，也可能是他平时不够爱护橡皮随便切碎了，要用时就没了……再想结果：通过这件事或改正了粗心大意、丢三落四的坏毛病，或养成了爱护文具用品的好习惯等。当然，创设有趣的情节，应既合情合理，又遗失宕起伏，切忌胡编乱造，平铺直叙。

（二）"左思右想"——形成鲜明的形象

就一篇文章而言，光有有趣的情节是远远不够的，它只是文章的内容脉络。要使文章内容更丰富、更充实，必须要有鲜明的形象。看图作文材料上有人物有景物，但是人和景都是静止无声的。如何让学生把人写活，把景写真，使人有外貌、神态、动作心理，使景有色彩、光辉、形态、文章呢？教师应引导学生紧紧围绕图画中的重点"左思右想"，即围绕重点从各个不同的角度进行发散性提问，拓宽思路，展开想象。如《一块橡皮》围绕"递橡皮"提问：他为什么递橡皮给同桌？他看到了什么？听到了什么？想到了什么？他是怎样递过去的？递时他说了什么？同桌有什么反应？根据这些问题，引导学生仔细观察图画中人物的神态，进行合理想象。问题解答清楚了，人物就有了神态、动作、心理活动。人物形象鲜明起来了，图画内容的表达自然也就具体、生动了。

第三节　中年级语段训练

打开小学生作文本，总会见到不少内容空洞、描述不具体的文章，这几乎是小学生作文的通病。究其原因，是因为很多学生不知道如何把一段话写具体，语段训练不够充分。综观整个小学阶段的作文教学，在低年级语句训练的基础上，通过中年级的语段训练，逐渐向高年级的篇章结构发展。中年级作文教学"语段"的训练，肩挑两头，起着承上启下作用。因此，加强语段训练，夯实基础，显得尤为重要。中年级是一个非常特殊的阶段，从学生的心理发展来看，开始从低年级学生思维为主要特点的具体形象性，向高年级学生思维为主要特点的抽象概括性发展。就是一方面中年级学生的思维仍带有明显的具体形象性；另一方面他们使用概念判断和推理的抽象思维形式得到了一定的发展，具有一定的观察能力。所以在教学过程中，既不能过分重视语句而忽视篇章的渗透，也不能过于强调篇章而轻视语句的训练，这样都收不到应有的效果。

语文课程标准要求：小学生作文教学必须从内容入手。在着力培养学生自觉主动地观察分析周围事物的习惯和大量阅读课外书的基础上，更多地让其接受外界的情感刺激，促使其内部情感的发展，以情生情，以情促情，知情互融。具体指导学生作文时，以学生的智力发展水平为准绳，把握好"写什么"和"怎么写"的指导力度，切实发挥教师"导"的作用。

一、内容突出"小"

"小"是大的基础，波澜壮阔的大海是由涓涓细流汇聚而成，宇宙万物皆起源于"小"。故古人云："不积跬步，无以成千里；不积小流，无以成江海"写作更是如此，尤其语段训练更应从"小"写起。具体做法是：

（一）先部分后整体

写人，先练写人的外貌特征，然后有目的地着手去练写人物的神态、表情、心理、动作等，然后经过适当组合，连段成篇。

（二）先整体后部分

写事，先把这件事看作一条线，选取线上的某几个点，指导写具体，然后连点成线，连段成篇。如在学生野炊之后，先指导学生把野炊分成几个点：生火、烧菜、吃饭，然后围绕这几个点抓住写"生火之乐""烧菜之乐""吃饭之乐"，最后经过适当组合即成《野炊》一文。

这样指导学生抓住小小的某一个内容写具体，连词成句，连句成段，连段成篇，步子不大，学生容易接受，也比较容易写好，深得学生喜爱，并且还可以激发他们的写作兴趣。

二、形式突出"活"

"小练笔"以学生"为文"为着眼点，以教给学生写作权利为突破口，以激发学生的写作兴趣、养成写作习惯为目的的不定期、不命题小作文，内容仍以"小"为特征，形式灵活多样，大致可以分"随文练笔"和"随时练笔"。

（一）随文练笔

阅读与写作是紧密联系的，在阅读教学中，教师充分把握和利用课文教学机会，将课文教学贯穿于作文教学中，让学生模仿运用课文中的技能、技巧，写自己感受的东西。在具体训练中，可进行随笔口头片段训练，也可以进行书面作文训练。如读了《海底世界》的第二段，当同学们看清了句群的因果关系后，可进行如下的小练笔：（1）因为王红_____，所以受到大家称赞。（2）今天，我特别高兴，因为_____

＿＿＿＿＿。借用课文的句式或结构，将所学知识迁移运用，形成能力。又如教学《中国卫星上太空》，当读到"听到这乐声，人们＿＿＿＿＿。"引导学生进行想象性练笔，拓展思路；这乐声，仿佛告诉中国人民＿＿＿＿＿，仿佛告诉世界人民＿＿＿＿＿。（用排比句进行说话）

（二）随时练笔

生活是丰富多彩的，每时每刻都会遇到一些料想不到的事情，教师如能巧妙灵活地把握学生间、课堂上偶尔发生的事，就地取材，即兴指导，就能让学生写出好文章来。比如有一次轮到我们班学生值周，全体学生兴奋不已，戴上红袖章早早来到学校维护秩序，个个干劲冲天。一天下来，颇有感触。于是我让他们谈谈自己的所见所闻，所想所感。学生你一言我一语地说开了，热闹非凡。见此情形，我决定即兴作文，通过教师指导，学生当堂完成题为《第一次值周》《过把瘾》《发生在走廊上的一件事》等富有真情实感的好作文。

三、方法突出"仿"

（一）提供适切的范文

模仿是儿童的天性，是儿童心理发展的基本特征之一，仿写是模仿在作文训练中的具体表现，中年级学生在过去的一二年级看图说话、写话基础上刚进入命题作文训练阶段，会产生许多困难，因而会产生模仿的心理，对于一个作文题目，他们往往不知道怎么写，但又很想知道别人怎么写。这时候，教师提供相应的范文，即符合他们的心理需求，又能激发他们习作的动机，培养他们作文的兴趣。一般来说，一个人的写作过程是从积累到仿写到创写，中年级学生有了一二年级的积累，有了一定的词句基础，如果大量地对优秀范文进行模仿，学习范文中认识生活的方式和写作技巧，头脑中便可以积累起大量的写作模式表象，为顺利过渡到创写做好充分的准备。

（三）听记训练

中年级的仿写训练，课外可以进行一些有效的课外阅读，课堂里教师应该有意识有计划有目的地进行听记训练。教师根据学生习作的要求，选择一些具有典型意义的片段、段落或文章让学生在短时间里听老师读一遍或几遍，进行强化记忆。然后，根据记忆表象进行复述记录。这一训练具有一定的难度，教师要根据学生实际情况循序渐进，万不可操之过急。刚开始可以让学生进行一些简单句子的听记，听后要求一字不差地写下来，这样不仅可以训练学生规范的语言，而且能培养他们集中注意力的好习惯，以后慢慢地一句变两句，两句变四句、八句，然后句群到段落，段落到篇章，不光让他们在优秀的范文中学习规范化的语言，还在潜移默化中渗透篇章的技巧。因为"听"了之后马上要写下来，学生必须高度集中注意力，才能很好地完成任务，所以听记既是一种快速的强制性的语言积累，又是一种绝好的进行仿写的契机。当学生积累的东西多了，以后写某一命题的作文，只要脑子里有过相关内容的听记，就能够自然而然地运用。这时候，仿写自然脱胎成创写了。

第四节　想象作文教学

德国著名的哲学家说："最杰出的艺术本领就是想象。"心理学家也认为人类的创造性活动离不开想象，小学阶段是孩子们想象力发展的关键期，作文作为一项创造性很强的活动，是训练学生思维力、想象力的主要凭借之一。因此，《语文新课标标准》明确指出要鼓励学生写想象中的事物。但是，想象不是无迹可求的幻想，也不是轻而易举就能招之即来的。它的母体是生活，它的形成依赖于社会生活实践，尤其是小学生更依赖于教师的诱发与引导。在想象作文教学中，教师应善于开拓，营造多姿多彩的想象空间，努力打开孩子们的心灵之窗，放飞他们的想象，从而培养孩子们合理的创造性的想象能力，提高写作水平。本文试结合几年来想象作文的教学实践，谈谈想象作文课堂教学中的指导策略。

一、民主互动的课堂氛围

从心理学的角度看，人在愉快、轻松的时候，学习效率最高，最容易产生灵感。德国教育家海纳特提出："教师凡欲促进他的学生的创新力，就必须在他们班倡导一种合作、民主、社会一体的作风，这也有利于集体创造力的发挥。"因此，要培养学生的创新意识和想象能力，教师必须坚持教学民主，建立朋友式的新型师生关系，变"一言堂"为师生互动，以饱满的热情、真诚的微笑面对每一位学生，在课堂内营造一个民主、平等、互动的教学氛围，让学生产生自觉参与的欲望，毫不顾忌地充分表达自己的创意。因此，在想象作文指导中努力做到：

（一）要注意创设安全、自由的心理环境

所谓心理安全的环境指的是建立一种没有威胁、不安，不同意见、想法均能受到重视、尊重、赞扬与鼓励的环境。所谓心理自由的环境是指创设一种不受传统束缚，敢想、敢说、敢做，不屈从于权威的气氛。这两方面的课堂心理环境能使学生形成这样的特征：承认自己而不怕别人笑话；实话实说，自由地表达自己的想法，用不寻常的方式来运用其思维与想象。可见创设安全自由的心理环境，对顺利地进行想象作文教学是何等重要。因此，教学中教师要重视学生的想法和表述，允许学生出错，并善待学生的错误，把学生的错误当作宝贵的教学资源，把纠错过程变作提高认识、增强自信、走向完善的过程，不以统一的意志束缚学生，让学生舒展灵性，畅所欲言，用他们的"心"说话。

（二）要建立良好的师生关系

在现代教育中教师已经从传统的传授角色向教育过程的指导者、组织者、参与者的角色转变，这就要求教师需要以真诚的态度对待学生，从居高临下的权威形象转变为可信赖的朋友。使学生从对教师的敬畏、依赖情绪中解放出来，把教师当作最可信赖的朋友，畅所欲言，同时这也是充分发挥学生主观能动性、进入师生互动的必要前提。教师以学习伙伴的身份出现在学生中间，成为他们身份平等的一员，当学生的思维和表达出现错误时，他并不武断地强行统一，而是在情感上、态度上表现出与学生相一致的倾向，从而促使学生无拘无束地将自己所思所想毫不保留地表达出来，这样才会产生真正意义上的师生互动。

二、动态生成的课堂结构

想象作文课，教师不能企图设计好一条严密的教学思路让学生按教师指定的路子走，更不能把结果直接端给学生。想象中的故事情节需要大胆创设，不同的内容需要不同方式的表达。因此，动态生成的课堂结构，让学生按自己的思路大胆地、自由地说、写，教师只是从旁扶持、点拨。这样，学生的想象力、创造力和语言表达能力才能在他们自身的尝试、探究、研讨中得到锻炼和提高。现以想象作文《小蜜蜂——》为例，谈谈动态、生动的课堂结构。

1. 先出示主人翁"小蜜蜂"，引导学生大胆想象，确定"点"——即（语言核）。让学生说说在他们的想象中是件什么样的事，用一个词说出来，如赴宴、赶考等。

2. 在有了语言核的基础上，接着引导学生用几句话简单地说说事件的主要意思，确定"线"——即句子。如，小蜜蜂赴宴中，小蜜蜂受到邀请去赴宴，没有见到朋友们，明白了花儿开放各有不同时间的道理。

3. 引导学生围绕重点词进行发散性提问，如围绕"赴宴"提问：为什么去赴宴？在赴宴的过程中小蜜蜂碰到了谁，发生了什么事？后来怎样了？等等。用一连串的提问引导学生具体想象，再把前面简单的几句话中的每句话说成一段话，完成"点→线→面"的过程。

4. "面面"相连，组成"体"。一句话说清楚就有一段话，几句话就有几段话。引导学生加上适当的连接句子把这几段话连起来讲，就成了一篇完完整整的想象作文了。以《小蜜蜂赴宴》为例列表如下：

内容 简单 句次	点 （语言核）	线（句）	面（段）	体（篇）
1	受邀	＿邀请＿决定＿。	围绕"受邀"提问，说话。（问题略）	在前三段的基础上加上适当的连接词句，使之连贯成篇。
2	赴宴	＿来到＿碰到＿。	围绕"赴宴"提问，说话。（问题略）	
3	明白道理	＿原来＿明白＿。	围绕"明白道理"提问说话（问题略）	

在教学中，从"点"（语言核）起步，紧扣主"线"（句）设计"面"（段）构建"体"（篇）以点带面，以面建体，环环相扣，一步一步让学生在自己的脑中编织一张清晰的、立体的、动态的思路图。它符合学生认识事物的规律，也符合学生语言学习的规律，这样设计的好处：一是为学生提供了较为具体的作文内容，解决了想象作文"写什么"的问题；二是向学生揭示了想象作文的一般方法，解决了文章"怎么写"的问题；三是有利于学生有理有序有创造性地想象。

三、纵横拓展的写作思路

由于小学生年龄特征和心理特点，决定他们只能写出事情大体的轮廓，而无法将事件写得具体生动。因此，想象作文教学的重点应该放在如何指导学生把想象中的事情写具体。创设有趣的情节和鲜明的形象，对学生把事情写具体是十分必要的。由于形象总是存在于具体的情节之中，而情节离不开鲜明的形象，它们相依相存，纵横交错。所以，指导学生把文章写具体有两条思路：一是创设有趣的情节，这是纵向拓展的思路；二是提供鲜明的形象，这是横向拓展的思路。

（一）"瞻前顾后"——创设有趣的情节

想象作文提供的往往是故事中的一个人物、道具或一个情境、范围等，具体事件需要学生通过想象去填充。如何使想象中的事件有始有终，富有情趣，教师应设法让学生在脑中出现若干个脑中图。一个个脑中图串连起来就是一个完整的情节的线。那么学生脑中出现的一个个画面就是这条"线"上的几个"点"。在指导进行想象作文时，教师首先应该引导学生在确定基本事件的基础上，"瞻前顾后"，即前想原因，后想结果。通过合理大胆的想象，使学生跳出简单事件狭小的小圈子，拓宽作文内容的空间，把简单的事件想象成一段活动的画面，即在脑子里"过电影"，由一个"点"连想成几个"点"，连"点"成"线"，创设出有趣动人的情节，为完整地表达想象中的事件创造条件。如：想象作文《一块橡皮》的基本内容是：一块橡皮躺在地上哭。由基本内容前想原因，这块橡皮为什么会哭的？可能是他的小主人不小心把弄他丢了，也可能平时不够爱惜橡皮的小主人随便用小刀切他玩，把他扔了……再后想结果，最后这块橡皮被谁捡走了？小主人通过这件事是不是改正了粗心大意、丢三落四的坏毛病？是不是养成了爱护文具用品的好习惯？等等。当然，创设有趣的情节，应合情合理，跌宕起伏，切忌胡编乱造，平铺直叙。

（二）"左思右想"——提供鲜明的形象

就一篇文章而言，光有有趣的情节是远远不够的，它只是文章的内容提要。要使文章内容更丰富、更充实，必须要有鲜明的形象。脑中图上有人物有景物，但是人和景都是模糊不清的，如何让学生把脑中图逐渐清晰起来，把人写活，把景写真，使人有外貌、神态、动作，使景有色彩、形态、声音呢？教师应引导学生紧紧围绕事件中的重点"左思右想"，即围绕重点从各个不同的角度进行发散性提问，拓宽思路，展开想象，让人和事逐渐变得清晰生动起来。如《一块橡皮》围绕"橡皮"提问：他是怎么得到这块橡皮的？这块橡皮是怎样的？丢了橡皮以后他想了一些什么，动作、神态上有什么表现？后来他找到橡皮的时候是怎样表现的？他是怎样想、怎样做的？等等。根据这些问题引导学生深入地、仔细地进行想象。问题解答清楚了，人物就有了神态、动作、心理活动，人物形象鲜明起来了，脑中所想象的内容表达自然也就具体、生动了。

第五节　布点·构面·建体

一、问题的提出

在 21 世纪，教育将成为一种面向全体的全民教育，贯穿一生的终生教育，促进人的全面发展的素质教育，突出个性的创新教育。但反思我们的作文教学，却能发现存在着许多不尽人意的地方：为数不少的学生对作文有畏惧、厌学心理，使教与学之间形成无形的屏障，致使作文教学效率低下；教师往往重视审题、选材、布局谋篇等技巧方面的教学，而忽视学生语言的积累，学生缺乏驾驭语言的基本能力，长期处于"想写却不会表达"的困窘之中。为此，在作文教学中要激发学生的写作兴趣，提高语言表达能力，倡导有个性、有灵性的作文。从 2007 年开始，我们学校课题组成员从改革作文课堂教学入手，在自己所任教的班级中进行实验，构建了"布点·构面·建体"作文教学的课堂模式，以后又慢慢地扩展，从课内延伸到课外，形成粗放的教学系列体系，收到较好的实践效果。

二、模式构建

（二）概念界定

本模式以新《语文课程标准》精神为指针，以作文课堂教学为主阵地，以全面提高学生的作文水平和语文素养为目标，力求把作文的过程展开。通过多方面能力训练，促进全方位作文水平的提高。学生的知能是一个综合的多层面体。体由面所构、面由线所组、线由点所连。每个学生的"体"都是在"点""线""面"的培养过程中逐步构筑并发展起来。学生的作文能力也是如此。"布点"中的"点"即为语言核——话题内容。"布点"就是教师通过提供丰富多彩的话题内容，激发学生表达的兴趣与欲望；"构面"的"面"具体指"线"——句子组构成的一段连贯顺畅的话；从宽泛的意义上去讲是指学生语言表达能力。而"构面"就是教师引导学生在运用语言的过程中积累语言、提高言语的表达能力；最后"建体"的"体"狭义上讲是指学生的组段成篇能力，从宽泛的意义上指的是学生作文方面的综合能力。"建体"则指教师指导个性化作文，培养和塑造具有鲜明个性的、具有创新思维的一代新人。就整个小学阶段的作文教学而言，有一条清晰的纵向系列的"序"和横向系列的"列"，每一过程每一阶段，都有不同的纵向发展和横向拓宽的训练。它们纵横交错，前后连贯，呈螺旋状上升，就构筑成一个立体开放的训练体系。这个体系中有一条总纲那就是以人为本，以发展为目标。就一堂课而言，有一个立体的、网架式的整体。即在确定话题以后，以"点"（即语言核）起步，设计"面"（一段话）构建"体"（一篇文章）。先选好文章基本内容，然后用以点带面的方式加以充实、丰富，最后成为一篇独具个性特点的完整的文章。

（二）理论依据

1. 新《语文课程标准》提出，语文教学应该培养和造就具有良好素养、具有鲜明个性、创新精神的时代新人。全面提高学生语言素养，以人为本，以发展为目标，倡导勇于创新的精神。符合以"布点"激发兴趣，以"构面"强化表达，以"建体"倡导创新的作文教学的构建理念。

2. 建构主义认为"知识是学习者自己建构的"。在建构主义范例的教学中，一开始教师鼓励热情、引发兴趣，然后组织学习完成个体建构。最后，帮助学生回顾总结，了解自己思维和学习的过程。这与"布点·构面·建体"作文教学"布点"→"构面"→"建体"三个过程基本吻合。

3. 从儿童语言发展的规律看：学生将自己的内部言语（思维）借助于词语，按一定的方式转换成语言，并在大脑指挥下，有序地表达出来，这一过程看似简单，实则非常复杂，要使语言表达畅通无阻，必须有相应的储备。模式中"布点""构面"环节为语言顺畅地表达起到了桥梁的作用。

4. 从学生思维发展的规律看：学生的形象思维的发展远早于逻辑思维的发展。以直观表象的形式进行思维，带有明显的具体形象性，而逻辑思维直到小学中高年级才有所发展。因此，模式中"建体"这一环节，放在形象思维之后，符合学生思维发展规律。

（三）应遵循的原则

1. 实践性原则

作文能力是一种操作性极强的能力，单靠理论技巧的传授是无济于事的，唯有实践才能让学生对老师的教学有所领悟。实践是对作文技巧的操练、体验和证实，只有多实践，才能获得理论上的升华。反过来，经验的获得又促进高质量的实践。

2. 开放性原则

实行开放性教学，就是要体现学生的主体性，尊重学生的主体地位，将教学从封闭的课堂中解放出来，开放时间、开放空间为学生营造一个轻松、活泼的场景。解放学生的心理，把大量的时间还给学生，采用自由式表达，鼓励独创性表达。

3. 互动性原则

在教学中，教师与学生，学生与学生之间要有一种以作文教学为中介的相互作用的关系，让学生在一个积极向上的集体中相互激发，使每一个人的潜能得到最大的发挥。在作文过程中教师引导学生主动交流与沟通，要用欣赏的目光去发现别人的闪光点，既能积极主动向别人传递信息，同时又善于接纳别人的长处，在传递交流与思考中发现习作的乐趣，体验习作的成功。

4. 立体交叉、和谐发展原则

所谓"立体交叉"是指积累与倾吐的交叉、说与写的交叉、课内与课外的交叉、学习与运用的交叉、作文与各学科的交叉。其中，"作文与各科的交叉"是指作文教学与其他学科之间的结合。如：体育学了"跳山羊"后写学习的过程，美术课出了一只可爱的熊猫让学生扮熊猫自述等，"学习与运用交叉"指写新闻投稿，写广告征语，写各种征文等。

（四）研究对象

宁海县实验小学1—5年级共39个班级，其中1997年入学的493名学生为主要的实验对象，其余年级为参照。

三、操作方法

（一）"布点"

"点"指语言核也就是话题内容，所谓的"布点"就是教师如何向学生提供有趣的话题，引导他们进行观察、思考、想象，使他们有话可说、有话想说，从而激发学生表达的兴趣和欲望，热爱祖国的语言文字，乐于表达。兴趣是学生积极学习知识的心理状态，它可以激发学生的求知欲望。爱因斯坦也说过："兴趣是最好的老师"。学生作文难多因感到无事可写、无话可说。可老师"要我写""没什么可写"也要

"硬写"，学生只好勉为其难，敷衍凑数，不良文风由此滋长。作为教师应该要让学生明白大千世界里有写不完的人事、物、景。教师应从学生的心理特点出发，提供合理合适的话题，符合学生的心意，使其对作文产生深厚的兴趣，有创作的欲望。

1. 看图说话写话

由于低年级学生的思维能力还比较弱，对直观形象的东西比较感兴趣，因此利用丰富多彩、动感十足的图画说话写话是训练低年级学生观察力、想象力和语言表达能力的一种较好的训练。

另外，由于"说"与"写"之间的断层，要求我们尽快实现从"说"到"写"的转化。因此，我们往往把说话与写话联系在一起，说完后马上进入到"写"，把刚才说过的内容记录下来。

2. 编写童话故事

童话故事以其奇特的幻想，深受儿童的喜爱，孩子们喜欢听童话故事，爱看童话故事书，但更喜欢让他们自己编。省编教材中也有不少编童话故事的训练，有看图编童话，有提供开头编童话等。编童话不仅可以发展学生的想象能力，活跃思维，而且能锻炼他们把头脑中产生出来的表象，在确定它们之间的关系之后，积极地变换表象结构，安排顺序，依次表达出来。

通常有以下几种训练方式操作：

（1）听故事写故事。

（2）根据故事开头编写童话。

（3）零语境词语搭桥编故事。

（4）命题编写童话。

另外还有像听音响编童话，观察某一生活场景编童话等，这些训练的设计，可以逐步发展学生的创造、想象能力，而且可以逐步渗透中、高片断、篇章训练的知识技能，并且运用图画、故事、音响、谜语、梦境等儿童喜闻乐见的写作素材来激发他们的写作热情。

3. 关注日常琐事，写生活日记

叶圣陶先生说："生活犹如源泉，文章犹如溪水，源泉丰盛而不枯竭，溪水自然活泼流不停息。"故教师应引导学生通过生活中的亲身体验获取第一手资料，让每一个学生"有所为而作"让他们写自己愿意写的东西，以"我"为先，激发他们写作的兴趣和愿望。

生活中有的事使人过而不忘，而有的事却似过眼烟云，不留痕迹。写生活日记当然要写难忘的事，但也要留心容易被人忽略，甚至不值一提的小事，记下自己亲身体验到的独特感受，向生活索要丰富的素材。

4. 组织活动，提供话题选择

宁海具有深厚的文化积淀，而且自然景观秀美，这为学生的语文学习活动提供了更多的资源。新语文课程标准提出了综合性学习，强调学生综合实践能力的培养，提供让学生在有趣味的语文活动中学习语文。根据新标准精神，我们打通课内与课外，从校内向校外拓展，巧妙利用本地资源，组织各种形式的活动，努力为学生提供更多有趣味的话题内容。

（二）"构面"

"面"即为学生从点出发由一个个线性的句子组合成的一段话，也就是指学生运用语言进行表达的能力，所谓的"构面"就是通过各种有效的手段，在运用语言的过程中，积累语言，强化语言表达。学生的写作能力是由多方面能力的综合，其中包括审题、遣词造句、谋篇布局、修改评价等。但语言表达能力却是其中最重要也是最主要的能力之一。因为写作过程有个重要的特征，就是所谓的"双重转化"，即由"事物"到"认识"的内化过程和由"认识"到"表现"的外化过程。"认识"和"表现"，其中任何一方的准备不足都将导致写作流程的受阻或中断，影响写作成品的质量乃至完成。毫无疑问，缺乏起码的表达能力，拿起笔来言不达意，纵有再精辟的见解，再强烈的写作冲动，终因无所附丽只能憋在心里，难以面世。语言的获得与倾吐，要靠系统化、系列化的训练和积累。通过实践中的运用，变消极语言为积极语言，才能真正达到语言的积累，强化学生的语言表达。

1. 运用课文中的语言进行积累，训练表达

教材中所选取的课文大多是文质皆美的好文章，有些更是学生的优秀之作，这样的文章既是体现阅读训练的好文章，也是让学生学习写作的典范。以课文中的语言作为材料，进行仿、改和扩等，在运用课文语言材料的过程中，达到积累语言，强化表达之目的。

2. 运用课外阅读材料中的语言进行积累，训练表达

古人云："读书破万卷，下笔如有神"。大量的课外阅读能使学生在潜移默化中学到知识，悟出写作的方法和技能，提高语言表达能力，在实践中要求学生博览群书，与书交友，交给阅读方法，指导写"模仿秀"。

所谓的"模仿秀"就是学生在阅读课外书的过程中，对自己特别欣赏的文字所做的模仿练习。这个模仿练习与前面的仿写有着本质上的差别。首先，它们的材料截然不同，一个来自教材中的课文，一个来自大量的课外阅读材料；其次，材料获取的方式也大相径庭，一个是教师有意识的指导下全班统一的选择，另一个则是个体的自主选择，已带上明显的个性特征，凸现个性差异。

（三）"建体"

所谓"体"从小处讲指学生组段所成的篇，从大处讲指学生作文综合能力。学生作文综合能力是写作诸方面能力的有机组合，诸如审题、选材、谋篇布局、评改等。"建体"就是通过培养创新思维，指导个性化习作，塑造一代真正符合时代要求的具有鲜明个性的、具有创造精神的新人。作文，"作为一种自觉的精神生产活动"，学生从对材料的选择，到布局谋篇及修改推敲，无不凸现出学生的机智与创造。纵观近年的中考、高考作文试题或试题范围"假如记忆可以移植""答案是丰富多彩的""诚信"等，试题的内容呈现出前所未有的开放与灵活，

它要求学生摒弃陈规陋习，条条框框，充分张扬自己的个性，展露自己的人格世界，这是语文作文教学的导向。作文教学的目的就在于："解放人、解放人的精神和心灵，把学生潜在的想象力、创造力和表现力——即鲜活而强悍的生命力，都尽情地释放出来！"作文教学应该是"做人"与"作文"合璧，从"人的建设""人性的塑造"上去定位作文教学。启发学生说真话、抒真情、写真相，不人云亦云，在求异中求"真"，在求真中出"新"。

1. 求异中求真

创造性思维在某种程度上，是求异思维的独创性。这就为我们的作文教学中引导学生说真话抒真情提供了广阔的天地，著名音乐家达·芬奇的老师佛罗斯奥曾说过："即使是同一个鸡蛋，只要变换一个角度去看，这个蛋的椭圆形轮廓也会有差异的"。作文也一样、一个题目、一个题材、即使同一个人，也可以从不同的角度去审视它、分析它、理解它，从每一个角度都有不同的感受，而大量的实践证明：求异作文，能克服思维定势，更容易让学生说真话、抒真情。

2. 在求真中出新

古人云"文贵于新"。作文本质上是一项艰苦的创新劳动，创新思维贯穿其中。创新思维是人类普遍具有的一种思维形式，一般人都具有创新的可能，儿童也不例外。所以，作为教师就要引导学生在记真事、写真人、抒真情、发实感的过程中求新、创新。

第六节　积累·转化·运用

一、作文现状

作文教学处在效率低下的困境中已成为不争的事实，孩子们学的是母语，却惧怕很好地表达，这不能不说是我们语文教师的失败。低年级老师让学生写的放胆文，学生可以无拘无束表达自己心中的话，他们觉得有话可写。可是到了高年级，因为有了这个"要求"，那个"任务"，一提起笔来就觉得没话可说。有的学生尽管背了不少好段，记了不少好词，但到用时却苦于写不出来。长此以往，作文能力当然"徘徊不前"了。

二、成因分析

分析造成这种现象的原因，大致有以下三个方面：

（一）指导积蓄上，教师的训练不到位

叶圣陶曾言，小学生学习写文章是一种综合训练，文章写得好不好，虽然"决定于构思、动笔、修改那一连串的工夫，但是再往根上想，就知道那一连串的工夫之前还有许多工夫，所起的决定作用更大。那许多工夫都是在平时做的。并不是为写东西做准备的，一到写东西的时候却成了至关重要的基础。基础结实，构思、动笔、修改总不至于太差。基础薄弱，构思、动笔、修改就没有着落，成绩怎样就难说了。"这基础就是平时的积累，可见积累在作文中所起的作用。但在日常教学中许多教师忙于完成教学进度，忽视学生积蓄的指导，有的甚至放任自流。

（二）写作训练上，积蓄和应用之间的转化，教师训练不得法

作文包括吸收和表达的循环过程。积蓄是吸收，写作是内化后的表达。教师应在指导学生积蓄的同时，及时引发学生把积蓄化为充实而深美的文字。遗憾的是，很多情况下学生读写割裂，教师对学生的积蓄了解不够，导致命题没有从学生现有的积蓄出发，指导时又缺少必要的启发引导，学生难有自我发挥的余地。

（三）运用过程中，教师训练意识不强，训练不够实

写作训练是让学生学以致用的唯一手段，学生的学习，只有通过一定的实际操练，才能形成能力。但是在实际运用中，教师的训练意识不

强，导致许多练习写作的好时机白白地从身边溜走，而且训练不够落实。每一次运用，教师没有最大限度地挖掘学生的积蓄，学以致用，以达到写作的最佳效果。

三、解决办法

改变现状，笔者认为，只有重视积蓄，及时转化，学以致用，在学会积累的同时，教师不失时机地加以引导学生学习运用，相信提高高年级学生的作文能力不会是一个梦想。

（一）积蓄

所谓积蓄就是指观察到的事物，学习到的知识，以及对人、对事、对景而发生的情思。简而言之，积蓄即经验的积累。

1. 作文积蓄的范围

积蓄的范围，实际上就是作文的要素，小学生在作文之前，必须有知识、思想、语言等方面的积蓄，到作文时综合利用，才能写出文章。

（1）知识的积蓄

知识包括直接经验的知识和间接经验的知识。直接经验的知识就是生活的积蓄，在生活中事物、景物、人物的观察积蓄。要把一件事写清楚，首先要熟悉这件事。如写一次乒乓球赛，你必须事先有参赛或观赛的经验，了解乒乓球赛规则等方面的知识，具有参赛时的情思，以及一定的语言表达能力。有了这些积蓄才能写出来。写景、状物也是如此，都要依靠平时观察、认识的积蓄来写。

（2）思想认识的积蓄

作文就是要表达自己的思想感情，不论写事、写景、写人，总是要表达自己的思想认识，抒发自己的情感，对某些事物、景物、人物认识不清，就写不明白；认识不正确，就写不正确；认识不深入，就表达不出情思。小学生的作文水平不高，往往因其认识水平太低。正确的思想认识是生活中得来的，是从书本中学到的。这些都靠平时生活和读写的积蓄。

（3）语言的积蓄

从书本中学到的字词句，不但要确切知道他的意义，还要确切知道它的用途，在什么语言环境中运用恰当，经过数次运用才算掌握了。语言知识的范围很广，要依靠阅读课经常背诵课文，积蓄语言，靠阅读课中的说话、造句运用语言，经过日积月累，积蓄多了、熟了，作文时才能自如地表达出来。

2. 作文积蓄的途径

（1）充实学生的生活

生活充实包括阅历要广，有发现的能力，有推断的方法，情性丰厚，兴趣广泛，内外合一，即知即行等。生活充实，语言表达才有源头。

当前小学生学习负担过重，整日泡在书堆里，多数学生没有时间去欣赏自然风光，没有时间参加有益的活动，没有时间去阅读课外书籍、报刊，他们的生活是那么单调乏味，又怎能写出好文章呢？又怎能不感到作文难呢？要解决这个问题，首先必须充实孩子们的生活，给他们创造各种活动的机会，使他们接触大自然，接触社会，培养观察能力；其次，各学科的课程与各活动课相结合，不分主副课，全面上好各门学科课程，提高活动课水平，扩大学生的知识领域。

（2）指导学生多读课外书

直接经验的知识来自生活，但学生知识的积累，不可能事事亲身感受，教师就是要用人类创造积累的间接经验——书本知识充实、丰富学生的头脑，学生的知识90%是通过读书得来的。学生的作文内容，除大量从生活中感受到的材料外，有时要涉及某些知识，不能直接感受，需要从书本中吸取。通过读书，不仅可积累知识，活跃思想，提高认识，而且可以积累语言，所以，多读书是知识积累的一条重要途径。

（二）转化

积蓄是由外而内主动地吸收，而运用是由内而外自觉地表达。这两者的顺利转化，还需要有一定的基础和中介手段的。

1. 有的放矢地进行作文的命题

首先应了解学生的积蓄。由于学生的生活经历不同，智力水平不同，他们每人的积蓄是不同的。根据学生积蓄的材料、认识水平、积蓄的广度和深度等的不同，出几个不同的作文题，以供学生自由选择，有利于各层次学生积蓄的喷发。其次，教师应根据学生现有的积蓄进行命题。教师要善于观察，测知学生胸中已有的积蓄，出的题要切合学生已有的充实的积蓄，要切合学生的见闻、理解、情思、思想等。以引起学生表达的欲望，诱导他们尽量把积蓄吐出来。

2. 经常性地进行仿写练习

"模仿"是基本的写作手段，唐代史学家刘知几认为"模拟"是作者效法他人作品，从而取人之长、补己之短的必要手段。他说："夫述者相效、自古而然"儿童在掌握句法的过程中，理解先于使用。为了使用，孩子必须以理解为基础，模仿则加快从理解向使用的过渡，理解到表达的转化过程大大缩短。

对语言文字的模仿绝不是简单的、机械的、呆板的单项目的模仿，而是复杂的多层次的、有目的、有系列的由低级向高级、循序渐进地模仿，因为"模仿"是手段，创作才是目的。模仿有以下几种：

（1）一模一样的仿写

一模一样仿写是用同一篇文章让学生模仿。如教学《小镇的早晨》后，让学生写写《校园的早晨》，让学生学习文中作者按时间顺序的观察方法，观察学校的早晨。再学习文中的写作方法，以对比的方式开头。先写学校早晨的恬静，再写学校的热闹，最后写学校的紧张。文章中的观察方法、结构特点等都能在学生的作文中运用出来，简单易学，学生容易接受。虽然这样写出来的文章"模仿"的痕迹非常明显，千篇一律。但是这样的仿写对于带动全班中下游学生，促进他们的思维与表达能力的提高确有很好的效果。

（2）多模多样的仿写

多模多样的仿写是指教师在指导同一篇作文时，同时指出几篇范文，让学生根据自己的喜好进行选择仿写。如写人的文章《我的××》，一种通过详细叙述一件事的起因、经过、结果来反映一个人某一方面的特点；也可以通过几个不同角度的几件事，写一个人几方面的特点。教师选择这两种不同类型的文章让学生选择仿写。仿中有创，学生不光有兴趣，同时有选择的余地，写起来也比较容易。

（3）似是而非的仿写

似是而非的仿写是更高层次的仿写，它可能不是单纯的模仿哪一篇文章，可能是开头模仿这篇，结尾模仿那篇，而中间又可能是模仿另外一篇。这样写出来的文章，基本上已看不出模仿的痕迹，但确实是学生积累中已类型化的语言和篇章技巧在运用中自然而然地流露，这时候的仿已经脱胎成创写。

利用模仿这一中介，以范文为榜样让学生仿句子、仿句式、仿句群、仿段落、仿全文。通过多次练习，让他们从以模仿为主，演进到以迁移为主，直至以创作为主，最终能独立作文，自觉运用积累，切实提高作文能力。

（三）运用

为了及时有效地训练学生把积累运用到具体的写作中去形成能力，必须抓住一切可以利用的机会，让学生运用。只有多写多练，才是提高能力的唯一手段。为了让学生能随时随地学习运用积蓄，我让学生准备了"三本"，即"积累本""课堂学习本""课外练笔本"。如何用好这"三本"，我是这样操作的：

1. "积累本"——日积月累，熟读成诵

"积累本"顾名思义，专门用来摘记、抄录佳词、佳句、优美片段、文章、至理名言、评语、俗语以及感兴趣的奇闻趣事等，要求学生每天摘录一定的数量，对佳句美文要求背诵，知识、趣闻能复述即可。日积月累，养成习惯。并且每隔一段时间进行一次检查，一方面以此发现存在的问题，杜绝偷工减料，敷衍马虎；另一方面，通过检查及时了解学生现有的积蓄，以便指导学生写作和命题。

2. "课堂学习本"——一点一滴，学习运用

课堂是学生学习积累和运用的主要阵地，教师应把握时机及时让学生运用积累。上课时，我总让学生把课堂学习本摊开在桌上，读到课文精妙处，就让学生在课堂学习本上仿写几个词，几句话。如学习《小镇的早晨》这篇文章时，让学生背诵第一自然段，因为这一段作者用城市的早晨被惊醒，小镇的早晨被唤醒，这一对比手法写出小镇早晨的宁静，写法比较特殊。在让学生体会作者叙述之精妙后迅速让他们仿照这种写法，描写校园的早晨、公园的早晨的一段话。让学生学会了一种文章的开头。再如，其他有特点的词汇，如 AABB 形式的词、数字词等，还有奇特的排比句等，立刻仿写几个，简单易写，好处多多、又其乐无穷，何乐而不为呢？

3. "课外练笔本"——各尽所能，练习写作

课外练笔，指课堂外学生依照课堂内学习写作的方法，根据自己的实际情况进行的课外写作。这里学生可以充分展现个性特点。如在学习课文《说茶》后，我指点了几个可以仿写的地方，让学生根据自己的知识经验学习写作。结果有的同学写宁海特产如《说双峰香榧》《说前童麦饼》等仿照《说茶》的结构，洋洋洒洒六百多字；有的仿照第二段列举的方法介绍一种事物的种类；还有的则对第五段最后三句话进行扩写《品茶》，在原句的基础上进行联想和想象。但更多的，平时则是让学生根据自己的生活体验，写自己感兴趣的事，给学生写作的自由，有话则长、无话则短，尽自己所能，用自己的笔写自己心中的话。

第七章

经典案例

感谢师恩

(人教版六下第八单元综合性学习)

一、激情导入

1. 早上，老师让大家认真学习了课文中的阅读材料，这些文章的作者都是通过一件难忘的事来表达自己对老师的感激之情。今天，我们仿照它们的样子，用我们这六年小学生活中的一件事，来感谢老师对我们的恩情。

说到恩情呢，我们要感谢的实在很多。很多的人，很多的事，需要我们去感恩。然而，对于一个学生而言，除了我们父母，最应该感谢的则是我们的老师，师恩是最难忘却的。

2. 课前，我们做了一张恩师录，请大家拿出来。

在这些老师中，你最为感激的是哪一个？请打上星。然后请你仔细回忆，究竟哪一件特殊的事情留在了你的记忆深处。请整理一下思路，和大家说说。（指名学生说）适时评价：是啊，老师的关心就像春雨，滋润我们的心田。是啊，老师的鼓励就像火种点燃我们的心中的激情。……

3. 拓展思路

（1）刚才同学们讲的大多是老师对我们的关心，其实，老师值得我们感激的地方很多。老师这儿有一个素材库，让我们进去看看，你是否有过这样相同的经历或者类似的其他的其他经历？

①看，很晚了，老师还在办公室给同学补课，老师啊，您对每一个学生负责任，唯独忘了自己呀！

②多美的油彩花呀，萼片、花瓣、雄蕊……我的心忽然觉得十分润泽。老师，为了准备这些，你花费了多少心血啊！

③"别怕！大胆说！老师会帮你的。"那一刻，激动的暖流在我心头回旋。

④"我错了！"……不知是感动还是委屈，老师的宽容和理解让我泪流满面。

⑤"努力，努力，一定要争气！"老师，您那次的教育深深地刻在我的心里，至今难忘啊！

⑥老师，您又在为同学整理衣服了。这六年里，您曾一次次擦去我额角的汗水，曾一次次扶正我胸前的领巾……这其中又有多少感人的故事。

（2）同学们，这些事情就发生在我们的身边，这一桩桩，一件件，虽然没有轰轰烈烈、感天动地的大事，但是就是这些细小的一句话，一个动作，一个神情曾经深深地感动着我们，让我们一辈子都难以忘怀。在这六年的小学生活中，你留心过吗？现在让我们以最快的速度把它们写下来好吗？

二、动情写作

1. 写之前老师有要求：（出示写作要求）

（1）事情要真实，略写。

（2）自己的想法和感受要真切，具体写。

（3）字数在200个字左右，十分钟内完成。

（4）以"致——老师"为题，可以尝试用第二人称写。

写之前，请你轻轻地闭上眼睛，让你的胸中蕴满对老师的深深的怀念和感激。在充满真情的回忆里，静静的、尽情地抒发自己的情感，一气呵成。好，开始！

2. 学生快速作文12分钟。

三、扬情评价

1. 我们先请一位同学来读一读。（学生读自己的作文）

（1）我们先看看，这篇文章从哪里到哪里是在写事？从哪里到哪里是写情的？（用笔一下记号）

（2）有事又有情，非常好，符合本次的写作要求。（指黑板）

（3）如何写事，在四五年级的习作课中我们练过许多次了，今天我们重点关注怎样抒情。

好，让我们再来看这位同学的抒情部分。（边划边说）这几句在写什么呢？（学生回答）哦，是我当时的感受。那这几句呢？（学生回答）是想法。那么这几句是在说什么？（学生回答）是为什么感谢的原因。

（4）用感受加想法的方法来表达自己的感激之情，非常好。

2. 我们再来看一位同学，看看他是用什么方式来表达感情的。

（1）还是请你自己来读吧。（学生读作文）

（2）你能告诉大家哪部分写事，哪部分抒情。我们重点看他的抒情部分。读一读，这里，他在写想法的过程中用上了什么修辞方法？比喻、比拟、排比等。

3. 这里，还有一篇写得非常棒的，快速并且出声地读一读，他在抒情过程中，有什么值得我们借鉴的。（话筒接在一个学生跟前）诗词、名句、格言等。

4. 给你三分钟时间，尝试着用刚才学到的方法修改自己的文章，相信通过你的用心修改，你的文章会大放异彩的。（提倡用不同颜色的笔修改）

5. 我发现同学们改得非常认真，也很出色，我很想让每位同学都展示自己，但由于时间关系，不可能了，这样吧，请同学找一找，把你认为最满意的句子给大家念一念，让大家共同分享你的成功。（接连学生读佳句）

总结：把我们刚才写的文章认认真真地抄在一张卡纸上，就是一篇感谢老师的极好的文章，甚至可以拿去发表，老师这里就有一篇这样的文章。是一位 20 年前的小学生，由于一念之差，拿了同学的钱包，老师没有当场戳穿他，给了他一个悄悄改正的机会，从而让他感激一辈子的事。我们还可以在文章的前后用上书信的格式，就是一篇写给老师的信。当然，我们不仅可以用笔向老师表达感谢，除此之外的方式还有很多，比如，在节日里，送上一个问候，一声祝福，或者为身边的老师们做一些力所能及的小事。我想，只要你心存感恩，你的老师在你的言行之中，一定能够感受得到你的拳拳感恩之心。

板书设计：

感谢师恩

事→情

比喻、比拟、排比……

诗词、名句、格言……

学生作文：

感谢师恩

张梦筠

每每听到"戴老师"这几个字，我的眼前就会浮现那张日渐憔悴的面孔，我的耳边，仿佛也响起戴老师沙哑的声音。我的心就不禁打起了寒战。是啊！戴老师就是这样一位兢兢业业的好老师，每每想到这些，我都会想起那个昏暗的夜晚。

夜深了，星星和月亮都爬上了星空，晚自习的铃也打响了，热热闹闹的校园顿时变得冷冷清清，同学们都走了，而我的爸爸却因为工作的原因没能按时赶到。我一人孤零零地在楼下等着爸爸的出现，望着昏暗的星空心里不免产生了一丝恐惧。这时，戴老师走了下来，看见我后，对我说："张梦筠，你爸爸还没来吧，那我陪你一起等吧。"戴老师的这一番话语使我立刻感受了母亲般的温暖，使我不再孤独了，也不再害怕了。多好的老师呀！过了好一会儿，爸爸才赶到这儿，这时，戴老师才放下心，微笑着与我挥手告别。看着戴老师骑着电瓶车渐行渐远，我暗暗地对自己说："一定要争气，要以学习上取得的成绩来报答戴老师，因为我所能做的只有这些。"

这就是我们的戴老师，她如同一滴春雨，哺育了大地，牺牲了自己。戴老师把智慧的种子播撒在了我们身上，把所有的精力和血汗用在了我们身上，戴老师给予我们胜似亲人般的温暖，哺育了我的精神和灵魂，我永远不会忘记她。

感谢师恩

胡雪杨

我是一棵春笋，是春风春雨唤醒了我沉睡的脚步。顾老师，您就是那春风春雨，消除了我的怯懦，坚定了我的信念。

我是个插班生，在班中年纪最小，在这一年的学习中，我时常感到我与同学的差距。由于无法接受这残酷的现实，我常常痛恨自己，躲在内心深处哭泣。就像一株花，在风雨中静静地凋零……是顾老师，您捡起我失落的花瓣，让我重新振作起来……

一堂普普通通的作文课，会因顾老师而变得绚烂无比。我的作文总

167

不尽人意，我又一次向顾老师倾诉了，顾老师温和地看着我，她的神情让人感到有种春风拂面般的温暖，我从心底涌出了被尘封的无限自信。"你已经写得很好啦，再努力一下还会更好哩。"也许顾老师不过随意说说罢了，但我却分明感到心中有一团火焰在燃烧。顾老师的话深深烙印在我心中，那是多么美好的字眼，我从中受到了极大的鼓舞与震撼。

顾老师可能早已忘记这件毫不起眼的小事，可我至今还不曾忘却，我一直在为它奋斗着，努力着。

有人说，一个好老师给予学生的是一辈子的恩情。顾老师，您犹如一串美丽的音符，弹奏它，净化我幼小的心灵；宛若一场春雨，感受它，拂去我心田的愁云；如同一束阳光，沐浴它，擦亮我灿烂的笑容。

顾老师，您教育之恩，我将永远铭记在心。

感谢您

彭浩庭

每天教室外的走廊里，他的身影总是匆匆而过，正如他匆匆地来。他，就是金老师。金老师，多么慈祥的称呼啊！自从我们六年级搬迁到宁海中学里，他也就跟着来了。

我清清楚楚地记得，也清清楚楚感受到，那一天，是那么的冷。窗外，刺骨的寒风如同百兽之王般地咆哮着，仿佛可以轻而易举地将万物撕裂。我的头，紧紧地缩在衣领里。即便是在教室里，我也清楚地感觉到阵阵的寒意。

第一节课下课后，我和几个同学一路打打闹闹到了走廊的尽头。走廊尽头的水池里金老师双手沉浸在水中，正在一丝不苟地洗碗。他仔仔细细地把碗洗了又洗，丝毫没有畏惧寒冷的意思。可我们却清清楚楚地看见了金老师的那双手上，不仅布满一层厚厚的老茧，而且，那双手，已经被那无情而又冰冷的水冻得通红通红。我仿佛看到了金老师手上的一条老茧是为我而生的，那红肿是为我而冻的。

一股暖流在我毫无察觉之下，已经悄悄在我心头中荡漾开来了。我强忍着即将要夺眶而出的泪，扭头就跑……

第二天早上，我久久地凝视着眼前的饭碗，好像要从碗上寻觅到金老师洗碗时所留下的指纹。

金老师像和谐的音符，动听悦耳，唤醒我感恩的情怀；金老师像和煦的春风，轻风拂面，吹散我们成长的烦忧；金老师像温暖的阳光，灿烂耀眼，温暖我们内心的孤独；金老师像春天的雨露，点点滴滴滋润着我们干涸的心田……

金老师，谢谢您！您辛苦啦！

"明不明白?"

金 颖

"明不明白?"每当听见戴老师那沙哑的声音，我的心中便会泛起一阵涟漪。春雨染绿了世界，而自己却无声地消失在泥土之中。戴老师，您就是我们心田的春雨，我将永远感谢您。

"工作总量＝工作时间×工作效率，所以应该是……"戴老师扯着嘶哑的嗓子，使出全身的力气，"响亮"地给我们讲着数学题目。

"明不明白?"戴老师清了清嗓子，亲切地问我们。"我明白了！"同学异口同声地回答。"没关系！不明白的举手。"戴老师注视着我们的眼睛，看得是那么的认真。

一只小手微微地举起，但很快又放下了。戴老师敏锐地感受到了，立刻叫起那位同学，是那么亲切、温柔。"你哪里不懂啊?""我……我！就是不知道工作总量是多少，那该怎么算呀?"他吞吞吐吐地说。"同学们！有不懂就应该向这位同学那样勇敢地说出来。那么，下次考试你就会知道该怎么做了！"戴老师吃力地说。那声音比以前更沙哑了，轻得就像秋天的落叶缓缓飘落。

戴老师又一次耐心地讲着题目。戴老师一边用手揉着喉咙，一边细心地讲着。终于讲完了，戴老师轻轻地咳了咳，再一次重复着那意味深长的四个字："明不明白？"这时，44张嘴一齐蹦出"我明白了！"我看见了，我们看见了，我们都看见了戴老师那灿烂的笑容。

亲爱的戴老师，您为我们做得太多太多，就像天上的星星一般，数也数不清。敬爱的戴老师，休息一会儿吧！坐下来，喝口热茶，润润嘶哑的嗓子。戴老师您为我们付出了那么多心血，谁也数不清您为国家培养了多少人才，只有您那嘶哑的嗓音是您辛勤耕耘的见证。此时此刻，我仿佛感受到你那沙哑的嗓子里那份盼望我们成才的急切心情。

那一声声"明不明白？"仿佛是一阵阵春雷，激励着我们勇敢向前；那一声声"明不明白？"犹如春天的雨点，点点滋润我们成长的心田。

戴老师，谢谢您！

慈·严之间

鲍 珂

敬爱的高老师：

在您的心中，我是才女；在我的心中，您是我第二个母亲。

记得有一次期末考试。我正坐在座位上胡思乱想，您突然走进教室，径直向我走来。您脸上带着笑容，又带着些神秘。我一头雾水，读不懂。您摸着我的头，慈爱而又欣喜，悄声对我说话："祝贺你期末语文你考98分，全班第二！"

您这欣喜、慈爱的笑容我永远忘不了；您摸着我头的手的温暖，我也忘不了。您这份慈爱似乎只属于我一个人的。我不想告诉同学，又非常想告诉同学。因为我有点自私，不希望把这份温暖与同学分享。我又有点自豪，因为我拥有您的爱，高老师！

您对我的爱，不仅是慈，还有严。

在您看来，我是好学生，所以对我要求很高。

四年级，正是戴老师刚来教我们的时候。我自以为聪明，以前的老师都不改我们的暑假作业。我就偷懒，不会的题空着。没想到，戴老师却仔仔细细地批改。改完，戴老师以为我是差生，告诉了高老师——您。

您找了个机会，跟我谈话。当时您眉头紧锁，看起来很生气。您不但教育我，开导我，和我谈心，还特别和戴老师强调，我的学习成绩非常好，并非戴老师心中的那种学生。我是千言万语，也感激不尽高老师您对我所做的一切。

六年级的时候，您不教我们，这还不算，还让我们搬到一个陌生的环境。您不知道，我心中是多么失落、惆怅、难过。我是多少艰难地走过了不适应期，适应了没有您的语文课。高老师啊，您知道吗？

您只是偶尔来看看我们，见到您，我真是高兴极了，总是第一个冲进办公室与您拥抱。"鲍珂，你模拟考试考得不错，语文可以再好点。"您亲切的话语，一直回响在耳畔。

眼泪流光了，鼻涕擦尽了，千言万语道不尽，我对您的感恩之情。几天不见，您的白发又增了多少？现在的学生是不是又惹你生气了？

祝您

身体健康，美丽依旧！

您永远的学生：鲍珂

2015 年 4 月 15 日

盒子里的剧场

——彩泥与写作

一、课程背景

彩色泥塑的制作最早可上溯到四千至一万年前的新石器时代。在历史发展的长河中，沉积于民间的泥塑工艺非常绚烂。与之比较的现代彩泥，无论从色彩效果还是材质特点，都存在着很大的共同性，并带有一定的文化传承性。"彩泥"这一手工艺术，对于小学生来说并不陌生。因为孩子们对"彩泥"都有浓厚的兴趣。"兴趣是最好的老师。"这是伟大的科学家爱因斯坦提出的。一个人一旦对某事物有了浓厚的兴趣，就会主动去求知、去探索、去实践，并在求知、探索、实践中产生愉快的情绪和体验。正因为如此，在教学实践中，坚持关注学生的学习兴趣，结合学校校本特色实际，充分开发校内外资源把培养学生兴趣贯穿于彩泥写作中。

"彩泥作文"将生活展示于课堂，为学生提供了写作素材，培养学生的写作情绪，顺应了人们平时写作的自然过程，有利于提高学生的写作兴趣，使他们写出真情实感。小学生由于年龄特征，对于动手的事物特别感兴趣。他们的天性就是喜欢玩，喜欢无拘无束地表现自己。

在"彩泥作文"教学中，将学生喜爱的彩泥和习作结合起来，用彩泥活动激活作文课堂，在捏彩泥中让学生用独特的童眼去观察，用纯洁的童言去表达，用稚嫩的童心去感受，释放他们独特的个性。使学生在玩中学习写作的技巧，在玩中体会游戏的收获与意义，在写中回想游戏的过程与快乐，这样学生作文也就有话可写，有情可抒，有感可发了。

172

　　"彩泥作文"有利于培养孩子的兴趣，使他们产生创造性的动力，同时在不断的学习和动手实践过程中，在不断将设计概念变为具体实物的过程中，增加他们的设计能力，培育他们基本创作力的直觉，成为日后创作力的来源。

　　"彩泥作文"有利于锻炼孩子的观察力，认识日常生活中常见的物体。通过制作过程，学会分解物体，懂得复杂事物都是由简单物体组合而来的，体会到物体间大小比例关系。

　　"彩泥作文"有利于培养孩子的想象力。小小的彩泥游戏中，蕴涵着学生无限的创意、大胆的构思、奇妙的想象。锻炼孩子的想象力、审美观、创作能力和空间思维力。尤其锻炼动手能力，最主要的就是活动手指，开发大脑的神经。玩与学结合，重要的是在玩中找到乐趣，享受乐在其中的美好体验。

二、课程规划

（一）课程主题

尝试用彩泥搭建小剧场，进行"彩泥作文"写作，拓展语文课堂。

（二）课程理念

　　"彩泥作文"的真正目的不是为了教儿童捏彩泥，而是要通过"玩中学""玩中写"促进语文素养的全面发展。

（三）课程目标

　　1. 儿童亲身参与创作彩泥的过程，充分运用肢体语言、色彩、想象力，活泼快乐地学习，在力求创意、精致及感动的过程中，认识自我、开发自我。

　　2. 在活动中注重合作探讨，发挥所长，培养合作能力。

（四）课程内容

活动主题	活动内容	活动目标	课时安排
彩泥动画欣赏	了解彩泥动画的基本要素	陶冶情操，净化心灵	一课时
彩泥练习	掌握彩泥的基本捏法	锻炼学生色彩、动手、语言、想象等技能	五课时
讯飞语记平板操作	训练讲口语转化为文字	提升口头表达能力，激发写作顺序	二课时
彩泥作文创编	搭建"盒子里的小剧场"（场景），小组合作编故事	提高学生的写作技能，提高学生的艺术想象力与创造力	二课时

（五）课程实施

1. 开设年级：一、二、三、四

2. 课时安排：每学期 3 课时

3. 活动形式：分班教学，分组合作，分组展示等方式进行学习。

4. 教学策略：捏一捏、学一学、演一演、评一评。

（六）课程评价

1. 可从积极参与、大胆自信、合作能力、创新能力等方面对学生进行评价。

2. 评价可采用学生自评、生生互评、家长参评、教师点评等方式，采用量化评价与描述性评价相结合。

3. 记录学生在活动过程中的表现和成果展示中的表现，可采用过程性评价与考察性评价相结合。

三、具体课例一

课题：定格动画与作文

教学目标：借助彩泥之人物场景编童话故事，训练思维，发展语言。

（一）谈话导入

1. 彩泥社团的孙老师教我们玩了彩泥！今天都带来了吗？来！都拿出来看看！（哇！你的狮子活灵活现！你做的刺猬还是彩色的呢！……好漂亮啊！）

2. 今天我们就用这些彩泥编童话！喜欢童话吗？童话给你什么感觉？（写法：想象合理、拟人、有趣、揭示道理）

3. 对对对！同学们说的都有道理！

（二）小组合作：编童话

1. 第一步：搭建场景，每个人自己编童话

2. 第二步：运用讯飞记录

3. 第三步：选择讲的最好小组帮助修改

4. 第四步：上台展示

分工提示：

组长1人：组织管理活动并记录

技术1人：操作平板

（三）小组上台展示（4人一起上台，一人叙述一段，合作完成展示）

（四）定格动画

把做的彩泥拍下来，就变成了定格动画！加上自己的文字，还能编成童话书呢！

课堂教学现场：

学生作品展示

题目：泡沫树的故事

作者：缪禹哲　吴筱悠

在一片蔚蓝的大海里，海水满盈盈的，浪涛像顽皮的小孩蹦来跳去。小章鱼一家人无忧无虑地住在海里。

有一天来了一只大螃蟹。他告诉章鱼一家人："不好啦！不好啦！我们住的大海被人类的塑料袋污染了。"

章鱼妈妈一听，急得哭了起来，章鱼爸爸坐在一边不吭声。他想：该怎么办呢，塑料袋越来越多了，我们该住到哪儿去呢？

章鱼爸爸去寻求美人鱼的帮助，美人鱼送给他一些泡沫树种子，微笑着说："给大海种上泡沫树！泡沫树能吃塑料泡沫吐出新鲜的空气！"

"大家快来！给大海种上泡沫树！"章鱼爸爸兴奋地说，"泡沫树吃

塑料泡沫，吐出新鲜空气！"大海里的小动物一听都跑来帮忙，一棵棵泡沫树种好了，大海变得和以前一样美丽！

题目：龟兔友谊赛

作者：胡跃腾　陈佩洁

乌龟和兔子第一次赛跑后就成了一对好朋友。今天他俩手牵着手来到赛场，又要进行一次赛跑。"砰"熊猫裁判员发令枪响了，乌龟和兔子拔腿向前奔去。

前面出现了一座小山，对兔子来说爬山不是件难事，可对乌龟来说难如登天。因为乌龟身上的壳太重了，腿又那么短。他往山上只爬了没几步就累得直喘粗气，急得像热锅上的蚂蚁，这时，刚刚开始往山上跑的兔子瞧了瞧乌龟，二话不说就把乌龟放到了自己的背上。就这样，兔子把乌龟背上了山顶。

下山时乌龟说："我当你的滑梯吧。"说着，他躺在地上，让兔子趴在自己的肚皮上，滑下了山。

最后他俩一同到达了终点，熊猫裁判员高兴地说："你们在比赛中互帮互助，团结友爱，我给你们颁发风格奖。"乌龟和兔子听了，心里都美滋滋的。

题目：自己的长处

作者：胡淇皓　邓雨晨

　　一个阳光明媚的早晨，在宁静的海洋里，一只大螃蟹和一只小章鱼在一起玩耍。大螃蟹身子红红壮壮的，身旁有两个大大的钳子，小章鱼的身子软趴趴的。

　　大螃蟹一看到小章鱼弱小的身子就特别想笑："你看我的壳多硬，而且还有两个大大的钳子！看看你身子软趴趴的！"

　　这时，一条鲨鱼张着血盆大口，游了过来，小张鱼一看急忙喷出了墨汁，挡住了鲨鱼的视线，他们很快就跑走了。

　　大螃蟹说："对不起，我太小看你了，原来你这么厉害。如果不是你喷出的墨汁让我逃生，我们可能已经在鲨鱼的肚子里了。"

　　这个故事告诉我们，不能小瞧别人，每个人都有自己的长处，取长补短，才能让人更加完美。

课例二：畅想机器人

（人教版第七单元习作）

教学目标：

1. 通过彩泥搭建场景，培养动手实践能力。

2. 运用口头表述进行介绍，发展语言交际能力。

3. 运用讯飞语记将口头语言转化成书面语言，提高习作速度。

教学过程：

课前：

这节课老师发现大家都非常有精神，奖励一下大家，我们先来看一段视频，好吗？播放视频。

起立，同学们好！

（一）谈话导入

1. 同学们，刚才这段视频，你看到了什么？有什么想说的吗？

预设：是呀，机器人越来越聪明了；你发现好多机器人在工作；你发现机器人可以帮我们做很多的事情。

2. 这节课我们要来畅想一下未来机器人。快快把你们做的机器人拿出来吧。

（二）写作方法

1. 你这个机器人真好看，拿到投影仪上展示一下吧。

2. 能给大家介绍一下自己的机器人吗？

预设：真好，你刚才抓住了它的样子进行介绍；真好，你抓住了它的功能。（点拨，从学生的话中概括。）

【设计意图：介绍机器人，先放后收，发散思维。】

预设：哇，原来你是从样子上给大家介绍的。你把它的样子说得很清楚。我们介绍机器人可以通过样子来介绍。

3. 谁还愿意向刚才这位同学一样，根据样子和功能来介绍自己的

182

机器人？

板书：样子

功能。

4. 其他同学也在自己小组里说一说吧。

5. 你们为什么要畅想出自己手中的机器人呢？

预设：原来这就是你想畅想的原因。

板书：原因。

6. 我们在畅想机器人的时候就要围绕着这三部分进行畅想。

（三）小组合作

接下来，我们就要进行小组合作了，听清楚要求。

（话筒轮换，四个学生）

第一步：确立畅想什么机器人，并板贴。

第二步：搭建场景。

第三步：根据原因、样子、功能三方面介绍你们组的机器人。

第四步：用讯飞记录，合作修改。

限时 15 分钟。

【设计意图：用彩泥搭建机器人活动的场景，动手能力和想象能力得到发展，从玩中学，激情激趣。】

（四）交流评价

1. 好，时间到。刚才同学们讨论得很激烈，这些是你们畅想的机器人（手指白板），哪一个小组愿意上来展示一下你们的合作成果呢？

2. （1）看看这组同学场景精美吗？

（2）语句通顺吗？是不是按照原因、样子和功能来介绍下来的？

板贴　PPT 评价参考：

（1）场景精美。

（2）语句通顺。

（3）想象奇特。

附件：

课堂展示

学生习作

探索水星机器人

宁海县星海小学三（1）班胡跃腾

一旦到了未来世界，地球上的人口就会越来越多，而地球上的资源却越来越少。于是我们就想发明一种"探索水星机器人"。

它的结构大概是由方形组成的。他的头是橙色的长方形，身体是蓝色的正方形，耳朵是灰色的，嘴巴是红色的。他来到水星的目标就是找出在水星中的石油、矿物等资源，然后将它们带回地球。他的头上有一条天线可以和其他机器人远程合作，他只需要把发现的景物发送给其他机器人，这样就可以让其他机器人立刻赶到现场。而且用轮子来行走，因为这样可以减少摩擦力。最重要的是它的背后还装了两个火箭，可以使它飞行。虽然它的眼睛不怎么大，但是却非常灵敏，可以迅速躲开所有障碍物。而且它有六只手，每只手都有不同的用处。它装收资源的周围有个按钮，只要它轻轻一按，就可以把所有资源都装进去。它只需要抓住小鱼吃下去就可以补充能量。

当然，我们的机器人还有很多不同的用途，但是它也有不足的地方。希望我们的科学家可以更好地完善它。

火星探索号

三（1）吴筱悠

今后，地球上的人口会越来越多，资源却越来越少了。所以人们就让机器人去火星探索新的资源吧。

火星探索号机器人的头是肉色的，身体是紫色的，手臂是粉色的，腿是棕色的。大概是由正方形、长方形和圆形组成的。它最大的特点是身体前有一个二氧化碳的收集器，可以把吸进去的二氧化碳气体用污气净化器制成可供人们呼吸的氧气。它的眼睛是一个特殊摄像机，可以拍摄有用的照片，并发布给机器人同伴。它的耳朵是两个蓝牙，可以在紧急的时刻发布信息，让同伴来救援，可以听超声波寻找水源，也可以无线连接地球的电脑。

这个机器人就是我想发明的机器人，大家希望我想发明的机器人能发明成功，并在火星上寻找到新的资源吗？

海底机器人

邓雨晨

我想发明一个海底机器人。因为在海底没有足够的氧气，不幸溺水的人也越来越多，人类抢救不及时可能会有生命危险，所以人类需要一个海底机器人来挽救不幸溺水人的生命。

这个机器人小巧玲珑，它的头圆圆的，像一个小皮球，身体是长方形的。它不但可以帮助人们探索海底世界，还可以在最短的时间找到溺水的孩子。它的身体中间有个白色的圆圈，这是它的摄像头，只要机器人看见了溺水的人，这个圆圈就会向人类发送视频、照片和消息，让人们能第一时间知道溺水人的情况，把溺水的人救上岸。它的背上有个蓝色的万能包，只要在危险时刻打开这个万能包，里面就会出现你所需要的东西：有氧气瓶、救生圈、救生衣……很多很多你意想不到的东西，它都有哦。这个机器人在危险的时刻也十分机灵，只要它看见了危险的巨型大鱼，它就会马上变成一块小小石头，躲避大鱼的追击。

这就是我畅想的海底世界机器人。将来我一定要好好学习，努力制作这个机器人！

消防机器人

叶孜昊

未来，也许很多地方会同时发生火灾，消防员却不能同时到达，所以，我想发明一种消防机器人，让消防员减轻工作负担。

它的主颜色是黄色和黑色，它有一个方方的头，一双大眼睛、小耳朵。脸是一个防火面具，它手的功能特别多！它的手可以变成大网去救人，救完人后，它的手会变成水枪激光枪，水枪可以灭火，激光枪可以消除前面的障碍物。还有，它的脚，是一个吸盘，可以吸着墙壁，往上面爬上去救人。最神奇的功能还是它头上的按钮，只要点一下按钮，它的肚子就会出现一座"生命桥"。可以救河对面的人，并把他们送到安全的地方。

我以后要好好学习，发明这个机器人，让消防员轻松工作。

"植"言"植"语

——科学种植融合作文

一、课程背景

四年级语文第二单元要求"学会观察"一种植物，联系生活实际进行拓展学习。考虑到孩子们在城区生活的圈子限制，在观察种植中学习劳动，学习大自然植物生长的奥妙，学会查资料与思考存在的原因，融合操作、设计、摄印、描述等能力，培养他们提升热爱劳动的习惯，寻找生活中的情趣；培养他们勇于探索、认真负责的精神，综合提升各种能力，从而得到全方位的提高。

二、课程规划

（一）课程主题

劳动中学语文，培养观察力与美感。

（二）课程理念

1. 种植拓展了语文学习的观察能力。

2. 种植综合了学生的各项能力。

3. 种植要带着思考与想象去践行。

（三）课程目标

1. 通过种植，培养学生观察细致的步骤。

2. 通过观察进行合理想象，找出新颖点。

3. 通过种植，了解植物生长的特点，比较不同环境、不同植物所具有的特点。

4. 通过种蒜、孵豆芽、种菜、编图文小册、分享照片等实践活动，了解种植的不易与其中的道理。

5. 激发学生对大自然生命的亲近，感受生命的意义与乐趣，感受模特植物在笔下生动如花。

（四）课程内容

1. 种植大蒜

2. 孵豆芽

3. 秋播菜苗

4. 摄影比赛与配文

5. 记录成册，交流会

（五）课程实验

1. 开设年级：四年级

2. 课时安排：国庆节假 8 天：种蒜、种菜

3. 活动形式：四人小组交流小学习，分组 PK，分组汇报、分组展示等方式进行。

4. 教学策略：种一种，问一问，等一等，拍一拍，写一写，互相 PK，推新颖。

（六）课程评价

1. 采用分数等级制（观察日记形式，图文结合考核）。

2. 最后成果与过程质疑，加附加分。

3. 汇编成册，平台交流，板报展示。

三、教程设计

1. 国庆种蒜

2. 跟着长辈学种菜

3. 孵豆芽

4. 汇集成册，喜展成果

课例：汇集成册，喜展成果

活动目标：

1. 准备：经过 8 日长假的种植，人手一份观察资料。

2. 尝试编汇集，图文结合，模拟出册成书。

3. 分享交流，互相学习观察力、思考力，分享种植的乐趣。

活动准备：

1. 彩色（或单色）A4 卡纸 5 至 8 张（已分卡记录观察内容）。

2. 每天观察日记草稿与美照留忆，一一对应，人手一份。

3. 前后四人小组，有组长、汇报员、记录员等分工。

4. 学生准备颜色水笔、双面胶（或线装）。

活动过程：

（一）交流分享

1. 小组交流观察内容，找出精彩处。

2. 交流如何解决"质疑"的方法。

3. 交流汇集设计，互相出金点子。

4. 根据图文大美、评比高手。

（二）设计封面，精心包装

1. 夭折、不成功的种植，封面设计与选色插图的和谐。

2. 人人动手，图文并茂，搭配合理合情。

3. 用"云朵插话式"的方法，显示问题质疑。

4. 评比后的修正，添砖加瓦，封面设计与图文相符。

（三）分组推荐，交流观察碰撞

1. 推荐出场：每组一人讲述观察种植的新发现（本组成员可以补充）。

2. 用一句话评价各组特色。

3. 按 90、92、95、98、100、105、120 分手牌亮分观察文字。

4. 为美编亮分：特优、优、优－、良、良－……

（四）板报师生一起设计展览

1. 扇面布局（争议后确定）。

2. 各本汇集挂板报上的色彩和谐（人人参与一张或一份）。

3. 鼓励大家阅览优胜作品，品评亮点。

（五）小结提升，感悟字理

1. 用一个词、或一句话表达自己对这次种植的收获（意想不到的乐趣、触动、小哲理）。

2. 质疑、展览作品中未曾出现的种植问题。

3. 反思、种植中自己观察、护理、有疑不解的情况。

4. 今后的日子里，会对种植怎么改进与创意。

学生作文：

豆子变形记

王悦

前几天，我做了一件十分有意思的事儿——在杯子里泡了几颗蚕豆。

过了一小时，我把豆子捞出来一看，似乎一点儿都没变。怎么还没泡好呀？我像热锅上的蚂蚁，团团转。我等得有些不耐烦了，天太晚了，无奈之下我躺到床上，一心期待着明天的蚕豆有惊喜的变化。

　　第二天，我一睁开眼，一个鲤鱼打挺，下了床，直奔放豆子的桌边凑上前一看，豆子胀起来了，像极了一个圆圆的迷你小足球！

　　科学老师说过，豆子泡了十几个小时后，就可以种下去了。于是我挑了一个小花盆，拨开泥土，种下蚕豆，我浇了点水，期待着一个新的生命发芽、长叶、开花、结果。

　　我的蚕豆在舒适的泥土中睡得十分安稳，可我是一个没有耐心的人，等了一天、两天，蚕豆依然没有动静，于是，一个个想法在心里涌了出来："不会吧，蚕豆死了吗？""我把它明明照顾得很好啊！"……

　　第五天，是一个值得高兴的日子，为什么呢？因为我的蚕豆终于发芽啦！这一天，我刚起床，瞌睡朦胧地走向蚕豆的花盆，什么？一抹绿色？豆子发芽了？我不是在做梦吧？我揉了揉眼睛，使自己清醒，我不是在做梦。

　　蚕豆终于发芽了。

　　芽长得很好看，两边叶子舒展开，就像一个拼音"r"。那颜色，十分光彩夺目，叶子很嫩，让人看得十分舒服。

　　一天、两天，蚕豆越长越高，像极了一位亭亭玉立的少女。

　　我的"豆子变形"成功了！

蘑菇观察日记

2017 年 10 月 1 日　星期日　晴

　　妈妈送给我的国庆礼物居然是一个大大的菌菇棒！说是新的学年要培养我的耐心和观察能力，加强我做事的责任感。在妈妈的帮助下，按照说明书找齐材料。为了方便观察，特意找来一个篮子装菌菇棒，剪下篮子两侧，留给蘑菇生长的空间；铺上湿毛巾，放进菌棒。在菌棒两端有白色肉肉的地方分别割了一道口子，再在上面铺上一条湿毛巾，就完成了菌棒的安家工作。妈妈说，只要每天早晚用喷壶对着两道口子喷水，保持湿度，过些时日蘑菇就会从这两道口子里冒出来。真的就这么简单吗？我抱着怀疑的心态拭目以待。

2017 年 10 月 9 日　星期一　晴

　　每天一睁开眼睛，我就兴冲冲地跑去给菌棒喷水，时不时地拎起篮子查看。可是横看竖看没有一丝动静，我真的怀疑，菌棒是不是坏了，妈妈会不会是被人给骗了？

2017 年 10 月 14 日　星期六　小雨

　　其实，我对菌棒能长出蘑菇已经不抱任何希望了。不过，我还是坚持每天早晚给菌棒喷水，妈妈说，做事情要有始有终。当我漫不经心地拎起篮子，例行任务时，诧异地发现白白的菌棒居然有一片灰蒙蒙的，难道真的要出菇了？

　　到了傍晚，我惊奇地发现蘑菇们纷纷探出了小脑袋，露出了灰脑袋和雪白的肚皮。最大的蘑菇有半个笔盖那么大，而最小的却比芝麻还小。每个蘑菇就像一把小小的雨伞，又像一个个倒着的陀螺。是不是因为连续的阴雨天气，空气中的湿度更适宜蘑菇生长呢？我特意去查了资料，蘑菇喜欢阴暗潮湿的环境。今天对于蘑菇们来说，可能是个好天气。

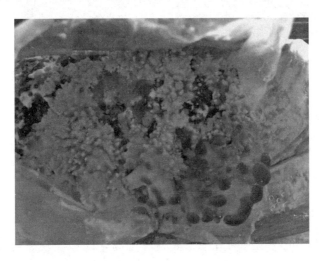

2017 年 10 月 21 日　星期一　多云转小雨

看着蘑菇一天天长大，好有成就感呀！挤挤挨挨地小脑袋多惹人爱呀！我对蘑菇照顾得更为细致了，不仅一天两次喷水，还时不时地去摸摸盖着的毛巾有没有保持湿度，唯恐饿坏了我的蘑菇宝宝。

2017 年 10 月 29 日　星期日　小雨

今天是个值得高兴的日子，我种的蘑菇丰收啦！最大的蘑菇有 1.5

194

个醋碟子那么大，有半个铅笔盒那么高，它的菇柄有一个横过来的鸡蛋那么粗；而最小的蘑菇也有两个手指那么大了。我数了数，一共收获了 29 朵蘑菇，可把我乐坏了！晚上，喝着自己种出来的蘑菇汤，心里美滋滋的。也终于明白妈妈让我养蘑菇的意义了。做任何事情都要有恒心，坚持才能出成绩！

当课文遇上戏剧

一、课程背景

戏剧是文学体裁的一种形式，是一门涵盖文学、语言、音乐、表演、美术、灯光、布景等方面的舞台表演艺术。国外教育界很早就开始关注戏剧在小学教育中所发挥的作用，并有着广泛的共识和多年的实践研究。戏剧是在教学中融合戏剧元素，用戏剧的方式或有剧场性质的活动来进行的教育模式。戏剧可以培养学生创造角色的能力，提供轻松、快乐和不断自我检验、自我激励的环境，达到净化心灵、塑造比较完美人格的目的。另外戏剧也改变了传统的以教师为主导、从教到学单向的授课模式，建立以教师为引导、学生参与为主体的互动关系，提高学生学习的积极性，促进小学生核心素养的发展。

在国家倡导以发展学生核心素养为目标进行新课程改革的今天，开展戏剧教学无疑是一种值得尝试和推广的教学方式。笔者希望通过戏剧的应用，让教育真正摆脱枯燥无味的说教，让学生在轻松愉快的戏剧氛围中掌握知识，在客观知识中加入个人的主观认知与感情投入，从而建立对所学知识的意象和联系，创造出个人对知识的独特理解，进而进一步认识自己和社会。

二、课程规划

（一）课程主题

学生在课本剧表演中提高自己的表达能力，同时也透过剧本了解中华文化。

（二）课程理念

21 世纪的中国固然需要知识人，更需要有创新意识、多向度的、有核心素养的人。涵盖不同门类的、讲求创新的戏剧教育，在培养全人方面可以起到积极有效的作用。戏剧教育能够实现对学生的人文关怀，塑造健全的人格和培养创新思维，最终培养出具有全球视角和核心素养的公民。

（三）课程目标

1. 激发了学生学习的兴趣，满足了学生表演的欲望。

2. 培养学生交往与交际能力，提高学生综合文化素养。

3. 培养团队合作意识和自信心。

4. 有助于实现全人教育，培养核心素养。

（四）课程内容

层次	活动主题	活动内容	活动目标	课时安排
初级	1. 认识戏剧	初步认知戏剧的特点和内容。	观看教育戏剧视频，尝试着模仿。	1
中级	2. 认识课本剧	具体认知什么是课本剧。	试着去理解课本里故事情节，尝试编写课本剧。	1
	3. 演绎课本剧	真正感受到课本剧魅力。	以小组形式演绎课本剧，扩展书本故事情节。	3

层次	活动主题	活动内容	活动目标	课时安排
高级	4. 演绎经典戏剧.	制订剧本、角色分配、角色扮演、准备演出道具等。	通过教育戏剧，学生的语用能力可以得到快速的发展，语言与思维建立起了密切的联系，学生能体会到中华文化的内涵，感受剧中人物的喜怒哀乐，其世界观、人生观和价值观都能得到提升。	4

（五）课程实施

1. 开设年级：五年级。

2. 课时安排：按照课程难易程度划分为 4 个专题，一学年共 28 课时，每周一课时。

3. 活动形式：自由报名、小班教学。

4. 教学策略：看一看，写一写，动一动、玩一玩，演一演。

（六）课程评价

在当前小组教育戏剧表演结束后，老师都会首先让其他各组的同学就该组戏剧的主题、情节、语言、学生的演技、道具和舞台设计等进行打分，每一个评判内容都有相应的评价机制，各占 20 分。接着让全班学生选出一名最佳演员，并对最佳演员进行嘉奖，从而调动所有学生参加课堂表演的热情。其次，组织学生对刚刚表演的戏剧进行分组讨论，对剧本的主题、人物的性格特征、演员的表演技能等进行分析，并让每组同学选派代表发言，这样可以促进学生积极主动地去观看和思考。最后，笔者针对学生的表演进行公正的评判，并对表演中需要改进的地方进行点评，让学生的表演更加完美。

课例：将相和

（一）活动目标

1. 通过自主解读文本，编写剧本，初步认识人物形象，提升语言文字运用能力。

2. 通过表演（参与表演），深刻体会人物形象特点。

3. 吸收优秀的人物品质特点，激发表演课本剧的兴趣与热情，培养团结协作的精神。

（二）活动准备

学生制作的表演服装、表示场景的多媒体课件、背景音乐、桌椅、荆条等道具。

（三）活动时间：两课时

（四）活动过程

课例：《将相和》第一课时

（一）谈话导入，激发兴趣

师：同学们，上节课我们初步学习了《将相和》一课，知道了课文围绕着大将廉颇、宰相蔺相如写了三个小故事，分别是——

生：《完璧归赵》《渑池之会》《负荆请罪》。

师：这三个小故事中你最感兴趣的是哪个，为什么？请和你的同桌交流。同学们都交流完了，谁愿意来说一说？

生1：我最感兴趣的是《负荆请罪》，因为这个故事中廉颇知错就改，蔺相如也顾全大局，我很欣赏他们。

生2：我最有兴趣的是《完璧归赵》，因为蔺相如表现得机智勇敢，值得我们学习。

师：是啊，看来同学们都很喜欢廉颇、蔺相如这两个主人公，今天就让我们穿越到几千年前，让这些历史画面重现。我们来演一演他们，好吗？

生（鼓掌）：好！

（二）小组合作，明确准备内容

师：同学们最想表演哪个小故事？

生（异口同声）：《负荆请罪》。

师：那我们这节课就来演《负荆请罪》。要演好这个课本剧，我们就要做到以下几点（ppt出示）：

1. 同学们根据活动需要、个人特长和意愿分配编剧、导演、表演、剧务，选出自己适合的角色进入工作。

2. 读透课文，熟悉故事情节，根据故事情节、人物的言行举止把握人物特点。

3. 改编课文成剧本，可以对课文进行删减、再创造，但要符合人物性格的需要。

4. 根据自己的理解，给人物加上动作、心理、神态等提示语，做到适合舞台演出。

生交流、准备。

生（导演）：老师，我们初步改好了剧本，确定了演员及工作人员。

导演：詹佳怡、谢铠吉

编剧：蓝梓侨

表演人员：方垚涛饰蔺相如、尤科翔饰廉颇、赵俊宇饰门客甲（廉颇门客）、胡云浩饰门客乙（廉颇门客）、仇博傲饰门客丙（蔺相如门客）

剧务：李雨霏、徐婉盈、陈盈晓、章文轩

其他同学作为观众。

师：好的，现在我们开始排练。

（三）自主排练，交流改进

1. 学生自主排练，讨论改进不足之处。

2. 师生共同探讨如何表演，师适时指导。

注：演员应有神情变化和舞台动作，对话时要掌握好语调、语速、节奏和停顿，为展现人物性格而服务。

第二课时：

（一）谈话导入

师：同学们，昨天通过全体同学的努力，我们已经完成了本次课本剧《负荆请罪》的准备工作，今天我们就把这个成果呈现出来吧！让我们掌声欢迎。

（二）呈现表演

门客甲：（嚣张，手指着远方的门客丙）嘿，那不是蔺大人家的门客吗？

门客乙：（不屑地瞥一眼）是那小子。

门客丙：（笑着走来）两位仁兄，别来无恙乎？

门客甲：（酸溜溜的）托廉将军的福，我们跟着他老人家出生入死，浴血沙场，什么也没得到，倒是把身体练得棒棒的。

门客乙：（嘲讽的口气）哪像你们蔺相爷，耍着那三寸不烂之舌，又是加官，又是进爵。这真是会干的不如会说的啊！

门客甲：（打着哈哈）是啊，就连你们这些门客，也都是"一人得道，鸡犬升天"啦！

门客乙：（恶作剧式的）那我们还跟他们说些什么？

门客甲：（会意的）对啊，狗嘴里岂能吐出象牙来？

门客丙：（气得浑身发抖）你，你们……

门客甲、乙：（哈哈大笑，扬长而去）哈哈……

（蔺相如与廉颇各自上）

门客丙：（伸手遥指）蔺大人，看，那不是廉将军吗？

蔺相如：（定睛一看）快，调头，别和他们碰面。

门客甲：（大叫）廉将军，看，蔺相如见了我们就跑，果然是怕了将军您。

门客乙：上次我们俩在街上，好好地教训了蔺大人家的门客，替您老人家出了一口气呢！

廉颇：（沉思一下，跳下车）你们两个，跟我去看看。

门客丙：蔺大人，上次您叫我们礼让廉将军的门客，我对他们彬彬有礼，却反被奚落。可您今天见了廉将军就跑，莫非您是怕了他不成？

蔺相如：廉将军对我有些成见，我们还是不碰面的好。

门客丙：蔺大人，您的官职还在廉颇之上，为什么要躲着他呢？

蔺相如：你说说看，秦国之所以还不敢对赵国下手，这是为什么？

门客丙：是因为我赵国全民万众一心，齐心抗敌。

蔺相如：不错，俗话说"文能治国，武能安邦"。赵国文有我蔺相如，协助大王治理国家；武有廉将军驰骋沙场、镇守边关，所以秦国不敢来犯。

门客丙：可是蔺大人您与廉将军本应平起平坐，他们也不可欺人太甚。

蔺相如：如果我与廉将军闹矛盾，那么，赵国朝廷上下势必分为两派，明争暗斗，无法一致对外，大量精力浪费在争权夺势的内耗中，秦国必定乘虚而入，百姓又将陷于水深火热之中。因此，我宁愿放弃个人利益，将个人得失置之度外，躲着廉将军，以避免和他发生正面冲突。

廉颇：（深受感动，自言自语道）是啊，有什么比国家的利益更为重要呢？我居功自傲，竟为了一个虚名，与蔺大人过不去。若不是他大人有大量，不与我计较，我们不是要发生内讧吗？我们发生内讧，秦国就有机可乘。如果那样，我可就成了千古罪人了！我怎么这么糊涂啊！（下）

蔺府仆人：大人，廉大将军求见。

蔺相如：快快有请。

蔺府仆人：廉将军，老爷有请。

（廉颇身负荆棘，一入正堂，就朝蔺相如跪下，众人一惊。）

蔺相如：廉将军，这是做什么？快快请起。

廉颇：蔺大人，我廉颇是个粗人，只会带兵打仗，没什么心眼。若非蔺大人胸怀社稷，大人大量，不与小人一般见识，则早已危及国家矣！以往多有得罪之处，望蔺大人莫放在心上。

蔺相如：相如我对廉老将军一向心怀敬佩，老将军快快请起，别再折杀小弟了。（扶起廉颇）您我二人都是大王的左右手，一文一武，撑起了赵国的半边天，助大王安邦、治国、平天下。和则利国，斗则祸国。从今往后，我们尽弃前嫌，为文武百官作出表率，如何？

廉颇：蔺大人，我赵国有贤臣如你，真乃社稷之大幸啊！今后，我廉某愿与你化干戈为玉帛，一起并肩奋斗，再也不会为名利之事而闹不和了。

蔺相如：好啊，廉兄！团结就是力量。让我们大家同心协力，团结一致，共抗秦国！

廉颇：对！团结一致，共抗秦国！

（三）讨论交流

师：同学们，你们给了老师太多的惊喜！观众们，你们看得过瘾吗？

生1：过瘾！我认为方垚涛同学把蔺相如演得惟妙惟肖，仿佛让我看到了一个大度、绅士的大臣。

生2：我认为廉颇也演得很棒。但是我有个小建议，廉颇的后面认错的语速太快了，语气也太重了，让人感觉很鲁莽，好像没有真正认识到错误。

生3：大家的眼光都放在了主角上，我觉得配角也演得很淋漓尽致，如果没有配角，我们不会这么快进入情境的。

师：是啊，不知不觉，我们过了一把观众瘾，还当了一回小评委。在这个过程中，我们再一次认识了廉颇、蔺相如以及门客们，他们的形象深入人心。这些都离不开我们所有的演员和工作人员们，让我们掌声鼓励他们！

生：（鼓掌）

师：我们的小演员和工作人员，你们有什么想说的吗？

蓝梓侨（编剧）：改编课文对我来说挺有难度的，文中蔺相如、廉颇的语言和动作描写不多，不能把他们的人物特点表现出来，后来我又借助了课外书完成的。

师：你很了不起，如果没有你的剧本也不会有这么成功的演出了。

尤科翔（廉颇）：我的台词有点长，我昨天还担心背不下来。后来我就把我自己当成了廉颇，想演出他的特点。我一直认为廉颇是个冲动的武夫，所以说话一直都比较重，忽略了他是在"请罪"，语速应该慢一点的，这也是我的不足之处。不过我也从中收获了很多，廉颇其实也很有绅士风度，不是吗？他的知错就改、顾全大局让我佩服。

师：相信你会越来越好。

门客甲（赵俊宇）：课文里描写我的语句不多，但我想把自己表现得嚣张一些，我越嚣张，越可以对比出廉颇和蔺相如的优点。

师：看来配角对于塑造人物性格有着至关重要的作用。这次表演也离不开各位剧务，他们及时提供道具，还配上了适合场景的音乐，才使得演出成功。

（四）总结归纳

师：同学们，通过这次表演，相信大家都受益匪浅。我们用课本剧的方式学习了课文，你现在能说一说学习了本课的收获吗？

生1：我知道了要多元地解读人物形象，廉颇是个武夫，刚开始也表现得小肚鸡肠，但他知错就改，这种行为值得赞赏。

生2：我知道了要联系全文去解读人物，不能割裂、孤立。

生3：在很多课文中，同学们都对主人公非常重视，往往忽视了非重要人物，本篇课文的门客就是。我现在明白了，我们也可以借助他们去理解其他人物形象。

生4：这次大家团结协作的精神最让我感动。我不由想到了廉颇和蔺相如，他们团结一致能让赵国越来越强大，我们也要团结一致，让我们班越来越好！

师：同学们，听了你们的发言，老师深有同感。人物形象是作品的灵魂，承载着丰富的内涵，只有对其进行充分深刻的认识，才能更好地把握整个作品，才能实现阅读真正的意义。我们要树立多元解读的意识，充分利用课外资源，把非主人公人物形象利用起来，深入了解人物形象。更重要的是，我们要吸收他们身上的优秀品质，让我们的身心得以发展！

玩转 3D 神笔

吴俏

一、课程背景

近年来，3D 打印技术已经以信息技术拓展课或社团活动的形式，逐步走进了中小学课堂，并与 STEAM 教育、创客教育等有机融合，对培养学生的信息素养、创新思维、空间想象、跨学科学习等能力，起着重要的作用。孩子有学习新兴技术的需求，而小学阶段又是人的一生当中最具有创造力的阶段之一，3D 打印技术能更直观、便捷地让学生们的梦想变成现实。但由于小学低年级学生还没有清晰的三维空间概念和计算机三维建模能力，因此，我们在 3D 打印课程实施的过程中，主要采用 3D 打印笔开展课程。3D 打印笔是创作 3D 作品最简单的入门工具，是最适合低龄学生开展创客实践的项目之一，它方便操作，易于携带，无需电脑和任何建模软件的支持，学生只要将其插上电源，安装 3D 打印耗材，就可以开始奇妙的 3D 作品创作，让孩子们的创造从这里起步，让孩子们的梦想在玩中启航，让孩子的想象力、创造力、思维无限飞翔，成为一名小小创客。

二、课程规划

（一）课程主题

学生能利用信息技术中的画图软件或手绘设计图稿，并借助这支神奇的 3D 打印笔绘制出自己感兴趣的、有创意的 3D 作品。

（二）课程理念

结合学校和学生特点，开设3D打印笔拓展性课程，结合丰富的课程资源和互联网平台，引导和帮助孩子们创意生成、创意设计、创意制作、展示分享，开展高质量的创客活动，培养学生们的创意创新能力以及运用已学的信息技术知识解决实际问题的能力，同时培养学生展示自我、与人分享的意识，提升学生们的核心素养。

（三）课程目标

1. 让学生了解3D打印笔的发展史和简单原理，知道3D打印笔的功能和操作。

2. 基于3D打印笔基础操作，提升学生二维空间转化三维空间想象力，锻炼学生对物体立体空间的理解和想象，培养学生对3D打印的兴趣，为将来学习3D打印机技术奠定良好的基础。

3. 秉承陶行知先生的"生活即教育理念"，坚持"教学做合一"指导思想，通过贴近生活的3D作品的制作，培养学生观察生活的能力，锻炼学生眼、手、脑协调性；通过学生课前搜集资料、主题探讨、图形设计、作品分享的过程，培养学生独立学习思考的能力，启迪学生创意和创新精神，帮助他们成为小创客。

4. 从作品模仿到自主创新，让学生体验创作过程的艰辛和乐趣；让学生在模仿中思考、在思考中创新、在创新中成长。

5. 在3D作品创作活动中，培养学生的信息技术素养，学会用信息技术来解决创作过程中遇到的问题，鼓励学生互相学习，互相借鉴，互相合作，培养他们的合作精神和创新意识。

（四）课程内容

3D打印笔教学内容，根据三、四年级学生年龄的特点，教学实例选取的既贴近学生生活又充满童趣，具体情况如下表：

主题	内容	教学目标	课时
工具篇	1.3D 绘画工具准备	认识和了解 3D 绘画的各种工具。	1 课时
	2. 初识 3D 打印笔		
	3. 笔芯耗材		
	4. 临摹工具		
	5. 修剪工具		
入门篇	1. 初次使用	初步了解 3D 打印笔绘制线条、图形的使用技巧。	1 课时
	2. 线条练习		
	3. 简单的几何图形练习		
	4. 图案填充练习		
	5. 简单的立体图形练习		
平面绘画篇	1. 把"Love"秀出来	熟悉 3D 打印笔功能，练习在平面上线条的描绘，简单的立体支架制作。	6 课时
	2. 走在乡间的小红帽	练习平面复杂物体的描绘和图案的填充。	
	3. 个性书签我设计	熟练掌握平面复杂物体的描绘和图案的填充；初步尝试自主设计作品。	
平面立体绘画篇	1. 彩蝶起舞	掌握平面复杂物体的描绘及拼接方式。	8 课时
	2. 大风车转呀转	掌握物体平面和全立体造型之间的衔接。	
	3. 弹起心爱的吉他	掌握物体平面与平面之间的拉丝衔接；熟练掌握立体涂面拼接技巧。	
	4. 星宝的小汽车	总结前面课程，综合训练掌握所学的平面拼接技巧。	

主题	内容	教学目标	课时
曲面立体绘画篇	1. 热气球大冒险	学习骨架造型，熟练立体涂面。	8课时
	2. 花样笔筒我做主	学习借助物体曲面直接描绘主体造型。	
	3. 美丽的小盆栽	学习借助自制模具描绘主体造型。	
	4. 小雪人挂件	学习借助自制模具描绘主体造型。	
创意创客篇	1. 飞翔小屋	了解创作一件3D作品的流程和体验团队合作的力量。	4课时
	2. 糖果树	熟练创作一件3D作品的流程和体验团队合作的力量。	

学生创作瞬间和作品欣赏

（五）课程实施

1. 开设年级：三—四年级。

2. 课时安排：6个专题，一学年28课时，每周一课时。

3. 活动形式：社团形式，小班化，自由报名。

4. 教学策略：教师精讲，师生探讨，学生临摹，学生创作，分享作品。

（六）课程评价

课程评价采用师生评价、自主评价、活动评价。

评价量规及操作说明

一级指标	二级指标	评价内容	评价指标	测评依据	分值
基础指标	教学常规	行为规范	1. 正常到课 2. 完成作品	1. 教师点名 2. 作品质量数量	10 分
	课堂参与	学习态度	1. 认真听讲 2. 积极发言	1. 自评互评 2. 教师点评	10 分
		合作协助	1. 交流分享 2. 互相帮助	1. 学校分享 2. 教师点评	10 分
	自主学习	互动创新	1. 作品展示 2. 特色亮点	1. 学校展示 2. 自评互评	20 分
发展指标	自我发展	平台获优	1. 学校优秀 2. 学校良好 3. 学校及格	学校评估	20 分
	活动参与	各类活动	各级活动 竞赛	获奖记录	20 分

三、教学设计

　　课堂中教师以主题的形式开展教学，提出问题后，教师引导学生可以手绘设计图形；可以利用网络下载所需的图片，并利用画图软件进行简单的图片处理；也可以让学生用画图软件中进行平面图形的设计和绘制，通过创造性的设计后，将设计图打印出来修改调整。调整后，利用3D 打印笔打印平面图形，再进行拼接或直接创作，形成三维立体模型，点缀装饰。最后将设计出的成果在课堂上与同学们交流讨论，提出可行性建议，学生微调修改，得到完美作品。一般教学过程如图 1 所示。

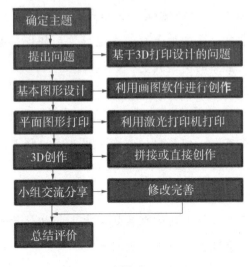

（图1）

课例：

彩蝶起舞

一、活动目标

1. 熟练使用3D打印笔描绘平面复杂物体，以及初步掌握面面拼接方式的技能。

2. 学生通过主题探讨、搜集资料、图形设计、作品分享的过程，培养学生独立学习思考和设计的能力，促进学生应用信息技术解决实际问题的意识和能力，提升学生的创新意识。

3. 通过对美丽蝴蝶的制作，激发学生对大自然的热爱。

二、活动准备

蝴蝶的视频和图片、课件、3D打印笔和耗材、绘纸和画笔。

三、活动过程

（一）创设情境，揭示本课主题

1. 蝴蝶视频导入，给学生们呈现一个缤纷的蝴蝶世界。

2. 师揭题：破茧而出的蝴蝶，五颜六色，姿态轻盈，在娇艳的花丛中穿梭往来，翩翩起舞，把大自然点缀得更加妖娆、美丽，今天我们大家就一起制作大自然的美丽精灵——蝴蝶。

（二）自主探讨，梳理创作思路

1. 师展示蝴蝶图片，学生观察，共同描述蝴蝶的基本特征。

师：蝴蝶千姿百态，但是它们都有一些共同的特点，谁能来说说？

师生交流

2. 师根据 3D 设计原理提问：你们用 3D 笔画一只平面的蝴蝶已经不成问题，那么怎么让纸上的蝴蝶展翅欲飞，翩翩起舞呢？

学生自主探讨交流，形成创作思路：

（1）用平面拼凑三维立体图形的方式制作蝴蝶。

（2）利用画图软件、图片处理软件或者手绘设计并画出蝴蝶各个部位的平面图形图稿。

（3）利用图稿，使用 3D 打印笔绘制蝴蝶各个部分，最后拼接各个部分，完成 3D 蝴蝶创作。

（三）自主实践，引导个性创作

1. 学生利用蝴蝶纸模完成蝴蝶制作。

2. 学生自主创作，师巡视指导。

生生间、师生间可以相互交流，设计怎样形态、颜色的蝴蝶。

师要鼓励学生大胆地把自己的想法和设计画出来，并做一些 3D 打印笔技能上的指导。

学生根据自己的设计，创作个性蝴蝶。

（四）展示分享，完善个性作品

1. 生展示作品，并介绍自己作品的特色，说说最喜欢的最得意的部分和不满意的地方。

2. 生生交流，师生交流，取长补短，修改完善自己的作品。

（五）课堂小结，师生交流心得

师：今天你们有什么收获？学到了 3D 打印笔的哪些技法？创作过程中遇到了什么样的问题，如何解决的？

师展示一些其他诸如蜻蜓、鱼等 3D 打印笔作品，给予孩子们一些创作上的灵感。

学生作文：

蝴蝶的世界
陈俊延

开学初，我报了一个社团，是热门的 3D 打印笔哟。可是因为乒乓球比赛的训练，我是在下半学期才开始学习的。

我去的第一节课，老师就教我如何使用笔，怎样做立体，怎样画画。我对其他的都很熟练，但唯独平滑线条我做不到。老师告诉我在接下来的课程中，平滑是很重要的，建议我多加练习。我牢记老师的教诲，抓住一切机会苦练。功夫不负有心人。几节课后，我熟练地掌握了平滑的技巧。这时，老师就开始教我们做蝴蝶。

老师说："蝴蝶是最简单做的。"接着，老师就给我们讲述了做蝴蝶的一切过程。听完之后，我云里雾里，似懂非懂。我默默地坐在座位上，回忆一遍老师的讲课内容，又看了看图纸，琢磨了一会儿，总算有点明白了。

开始制作了，我先画了两个蝴蝶翅膀的轮廓，然后填上了我最喜欢的蓝色，最后再将黑色作为斑点来装饰蝴蝶。"咦，怎么少了点什么呢？"我心里想。我看了看别人，哦，原来少了蝴蝶的身体呀！我拍了拍脑袋，又按着图纸画了蝴蝶的身子。完成蝴蝶只差一步：连接！我小心翼翼地操控着，哈哈，成功了！一只蓝翅黑斑彩蝶出现在我眼前，我拿在手上仔细端详，越看越喜欢。

做好了一只，可是我觉得一直太单调了，于是又轻车熟路做了另一只，这一下，蓝蝶有伴儿了。

马上要下课了，我想到了一个主意：把蝴蝶扔出去，就让它真的在飞一样。我拿着蓝蝶向前用力一抛，蓝蝶在空中划出一道美丽的弧线，停落在空地上。同学们看见我这样做觉得很有趣，也一起扔了起来。在蝴蝶一起被抛起来的时候，教室立刻被蝴蝶占领了，教室成了蝴蝶的世界。

时间不知不觉中过去了，可每每回忆起彩蝶抛飞的时刻，我真的好想时光能倒流。

难忘的一课
——彩蝶翩翩
王悦

"叮铃铃，叮铃铃！"随着下课铃声的响起，一大群或提着袋子，或背着包的学生从教室中涌出，又分成数队，涌进别的教室去上社团课。这样的场景，出现在星海小学的每个星期五的下午。

我也从不落后，总是早早地整理好要用到的物品。铃一响就飞奔出去，我蹿上楼梯，一头钻进3D打印室，放下带去的物品后，立马又钻进了材料室，马不停蹄地抓起各种材料：3D打印笔、充电器、线料盒、剪刀、插笔器、护指、充电线……这些东西后，又立刻钻回了教室。回教室里，要干的活也不少，要整桌子、插电线、给3D打印笔充电、灌料……这些事都要在10分钟内完成。一切准备就绪后，如果老师还没来，我可以先做几个小物件或是练一练排线。如果上一节课有做剩下的作业没完成，也可以利用这点时间继续做。

上课了，老师会先布置好任务，然后在各个小组之间游走，一会儿做做指点，一会稍作帮助。刚开始，我因为心急和兴奋，做出来的线条如同一团乱麻，常常需要老师和同学的帮助。我毫不气馁，继续努力。两个月后，这一状况有了巨大的变化，我做出的蝴蝶还让老师和同学赞不绝口呢。

　　记得那一堂课上，老师给我们布置了一样"工作"——完成"彩蝶翩翩"。老师先是给我们一人一张图纸，又详细地介绍了具体内容和方法，才让我们开始制作。

　　一开始，我拿到图纸瞟了几眼，心想：画蝴蝶对我来讲，小菜一碟草率。我拿起打印笔三下五除二地做好了一个，可那一只蝴蝶不仅立不起来，翅膀上还有一个一个的洞，超级难看。彩蝶，给我一个下马威。幸好，同学还没有做好的，我还可以再做一个。这一次，我不敢再掉以轻心，小心翼翼地一笔一笔描着：先是用热情似火的红色画好了两个翅膀；接着用娇嫩欲滴的黄色做好了蝴蝶身体；然后仔细地用沉稳的黑色"变"出了蝴蝶的两个触角；最后用不容易看见的透明色将它们拼在一起……

　　经过我不懈的努力，在我的3D打印笔下，终于出现了一个十分牢固、色彩明艳、栩栩如生的蝴蝶，我越看越喜欢。

　　这时，也快下课了，别的同学也一个接一个地做好了，彩蝶在课桌上翩翩飞舞。大家收拾好东西，一人手里捧着一只大大小小、色彩斑斓的蝴蝶，恋恋不舍地放到了学校展示柜中，真的是"留连戏蝶时时舞"呀。

　　3D打印，想说爱你永不够！

神奇的 3D 神笔

刘可馨

　　每周五下午的第一节课后，我们的校园就像赶集似的分外热闹。同学们带着各种工具，急冲冲地奔向自己心仪的社团课。我参加的社团是3D打印笔创意社团，这是在报名时好不容易才抢到的呢。

　　我急急忙忙地赶到社团，老师刚好也到了。我去柜子里拿3D笔，老师也从柜子里拿出一些图纸。一张二张……终于发到我的了，原来这次是要画只蝴蝶，我想着那么简单，肯定一下子就会完成。等老师把所有的图纸发完，就教我们如何把蝴蝶画好："首先，应该把蝴蝶的外轮廓画得细致点，外面的颜色要和里面的颜色相似，涂的时候要往一个方向去涂，不能一下子往右边涂，一下子往左边涂，这样会使整个翅膀显得很难看，也会使别人摸起来很扎手，颜色可以随意搭配，现在开始画。"

老师话音一落，我们就去找颜料。等我到了放颜料的房间，看到所有的同学都挤在放颜料的箱子前面，生怕被别人拿光了似的。我站在边上静静地等待，等他们散了后，我拿到三袋颜料，就去画蝴蝶。我把蝴蝶的外轮廓先描起来，然后小心翼翼地将颜料涂向一个地方……我先画好蝴蝶的翅膀，它的外围是深红色，里面是浅红，然后我在它的翅膀上点上许多黑点，这样会使我的蝴蝶看起来更加鲜艳夺目；接着我画蝴蝶的角，我决定给蝴蝶的触角涂上白色，再把它的形状美化一下，像月牙一样弯弯的；最后画蝴蝶的身子，它的身子是用紫色和红色搭配起来的条纹，非常好看。

"滴答，滴答"时钟不停转动，终于，我画好了。我小心翼翼地取下蝴蝶，一只色彩斑斓蝴蝶出现在我眼前，栩栩如生，真是神奇！我心里很是得意，急忙拿去给老师看。老师拿起来端详一阵后，点头称赞道："不错，这次做的成品挺好的，颜色艳丽，手感光滑，不过还需要再努力。"

"叮铃铃"社团的铃声响起，同学们又争先恐后地往各自的教室疾走，社团教室的展示柜里却成了蝴蝶的世界，那样绚丽，那样神奇！

思维导图与作文

《思维导图之动物写话》教学设计
（统编教材二下第七单元）

一、教学目标

1. 能够写出自己想养某种小动物的理由，用思维导图调动学生练笔的积极性，真正让习作练笔成为他们生活的需要。

2. 通过口头讲述，帮助学生初步掌握抓住动物特点的习作方法。能够养成独立构思和认真修改自己习作的良好习惯。

3. 树立动物是人类朋友的观念，激发学生的爱心。

二、教学过程

（一）课前视频导入新课，寻找"亮眼睛"

1. 老师看到每位同学都坐得端端正正等待着老师上课，为了奖励大家，在正式上课之前，老师给你们播放一段有趣的动物视频。（活跃课堂气氛，有趣好玩的视频能让孩子们的注意力迅速集中）

2. 同学们，视频里面的动物好玩吗？看完你有什么想说的？（通过观看短视频后回答看后的感受，短时间内激发学生对于动物的喜爱之情，增强了想养一只小动物的兴趣）

3. 真巧，刚刚我收到了贝贝宠物店的邀请函，说要请我们班的小朋友去宠物店参观（展示邀请函）你们想一起来吗？（用生活中的较为常见的宠物店作为主线，比较亲切自然，孩子也较有介入感）

4. （展示宠物店图片）这就是贝贝宠物店了，宠物店里的宠物应有尽有，如果你爸爸妈妈同意你把其中的一只带回家，那么你最想养什么呢？（根据日常经验，结合课前的导入视频，每个孩子对于最想养的

动物都有自己不同的答案，此环节可以请较多的学生进行回答，扩充答案的范围，为后面写作的多样性做铺垫）

设计意图：对于二年级的学生来说，一节课中如果学生对课前导入产生了浓厚的兴趣，那么这节课就成功了一半。我的导入都是以生活中的例子为基础，孩子较能产生共鸣。有趣的视频能体现出每个动物身上的特点，而贝贝宠物店这个环节的加入则唤起了孩子心中对于养一只小动物的渴望之情，并结合视频进行思考为什么想养这个动物的原因。

（二）巧借思维导图，完成初步写话训练

1. （以小狗为例）从刚刚的回答中老师听到有非常多的小朋友想养一只狗，都想和人类最忠实的伙伴交朋友。想养狗的小朋友都举起手来让我看看。谁能跟大家分享一下为什么这么多小动物里面，你最想养的是小狗呢？你最喜欢小狗的什么？说说你的理由。（集思广益，每个喜爱小狗的学生理由都不一样，多元的回答大致可以分为喜欢小狗的外形和它的特点。诸多的理由不仅可以丰富思维导图，还可以发散学生的思维）

2. 学生边回答、老师边在大屏幕上利用 XMind 填写关于喜爱小狗理由的思维导图，并有意识地将外形的理由放在右边，有关特点的理由放在左边

3. 我们可以看到右边部分跟小狗的样子有关，而左边部分都是一些特点和养小狗给我们带来的好处。不过我们看到这幅由所有想养狗的小朋友一起完成的思维导图非常庞大，因为这是每一个人想养狗的理由。但是当我们去写属于自己的思维导图的时候，需要写这么多吗？我们只需要挑选几个理由来写就好了。（让学生明白，写话的时候不需要什么东西都要写，都详写，要做到有选择性，并且详略得当）

设计意图：XMind 的运用，能让学生直观、有条理地去梳理每一个喜欢小动物的理由。通过众人的回答，让这个思维导图变得丰富，也如同"一石激起千层浪"，激发了其余没有回答问题的学生的思考。更为接下来的个人完成思维导图环节提供了有力的支持。

4. 除了可爱的小狗，谁还想养别的小动物？请一个学生说说理由，在大屏幕上通过老师帮助完成个人思维导图。（这是基于前面所有喜爱小狗的学生共同完成的思维导图之后，由一位学生在老师帮助下，自己说理由完成导图。这有较好的示范作用，其余学生将会学着这种方式写出属于自己的思维导图。但是要注意，教师切不可对学生拔高要求，有些素质较弱的学生只能写两个、三个理由也没有关系，二年级的写话重在培养兴趣，只要学生能够把自己想的理由写出来，并且在之后写话的时候写得连贯通顺就可以了。）

5. 下面给大家五分钟时间，请大家自己写一写属于你的思维导图，将你为什么想养这只小动物的理由写进去，写完了马上用自己的话连起来说一说。（有了上面的两幅思维导图做示范，学生接下来的思维导图创作也较为得心应手。写完了马上自己组织语言说一说，更大程度保证了思维的及时性，而且说的时候其实就是在动脑筋了，为后续的写作节约了思考的部分时间。教师要在旁边做相应指导，适当的引导有助于学生发散思维。）

设计意图：学生在完成思维导图后趁热打铁，快速组织语言，把简洁的理由变成有血有肉的写话。并且口头组织语言减少了纸笔涂改的麻烦，节约了时间。

6. 时间到了，我这里有两份新鲜出炉的思维导图，一起来看看吧。（展示两幅思维导图）

例：我们看到你最想养的是××，你的理由是？（被点名的学生说思维导图上的理由）你能用自己的语言把思维导图连起来说一说吗？比如我们开头可以写"我最想养的小动物是××"。（说的时候注意如果学生在有关样子的叙述时有些乱，需要提醒他要有顺序性，比如从上到下）

7. 听了这么多，相信大家又有了新的想法，给大家 1 分钟时间你可以修改一下自己的思维导图，也可以再次说一说。（简单修改或者不改，学生再次快速组织语言，提高语言表达能力）

设计意图：如果学生先前完成的思维导图出现了一些问题，就可以通过这个环节快速修改，保证了接下来写话的高效性。

8. 把你们刚刚说的连起来就是一段很好的介绍动物的文字了，接下来就到了写话的时间，在写话之前，听清楚老师的要求：请你以快速作文的形式，在十分钟内完成。你可以根据自己的能力写几句话、一段或者几段话都可以。但是如果你做到①语句通顺，②生动有趣，③字迹清晰，那么就更好了。现在开始你的写话练习吧。（写话前展示要求，让写话更有针对性，更符合规范）

设计意图：写话之前先把要求说清楚，学生的思维能够根据这几点在写话中体现出来，也为教师的评判提供了标准。

（三）慧眼识珍珠，寻找"小作家"

1. 选几份作品，学生点评可得几星，当回答生动有趣部分可以得星时，可以追问有趣在哪儿，顺势波浪线划出好词好句。

2. 由于强调的是快速写作，所以对字不作太大要求，只要满足看得清楚就可得星。

学生作文：

我最喜欢的动物

葛正安

我最喜欢的动物是小狗。它有两只耷拉下来的耳朵，像两片叶子。眼睛亮晶晶的，像两颗蓝宝石。它的毛既柔软又温暖，像一条毛毯。小狗还很爱摇尾巴，每当见到自己的朋友，尾巴就飞快地甩了起来，看都看不清。

小狗能看家。当坏人来时，小狗汪汪汪几声就能把他吓跑，如果吓不跑就把他扑倒在地上，用锋利的爪子抓坏人，直到坏人逃跑为止。

小狗还能陪我玩。当我一个人在家的时候，小狗就咬着飞盘跑过来，用爪子蹭蹭我的脚，好像在向我撒娇，要我陪它玩儿。我把飞盘扔出去，小狗马上就飞奔过去把盘子叼回来，放回我手里。如果飞盘玩腻了，我们就玩皮球。我把皮球滚过去，小狗用脑袋顶回来，可有趣了。

我真的很喜欢小狗。

我家的小金鱼

李馨彤

我喜欢的小动物有很多，比如小狗、小猫、小兔子……但我最喜欢的还是小金鱼。

我家养了两条小金鱼，漂亮极了。它的眼睛像两颗黑珍珠一般闪亮。平时它总是睁着那大眼睛静静地停在水中，好像在思考什么。金鱼的嘴巴小小的，不时地一张一合，还吐着小泡泡。金鱼的肚子鼓鼓的，身上的鱼鳞就像五颜六色的彩虹亮片。咦？怎么会有彩虹色的鱼呢？原来金鱼本来是粉白色的，身上的鳞片在阳光的反射下就变成彩虹色的啦！它的尾巴就像天空中的彩霞，也像美丽、柔软的绸缎。瞧！金鱼"小姐"穿着七彩长裙在水中舞动，仿佛天空中的彩虹落入了水中。

金鱼还十分调皮。我把一根手指伸到鱼缸里，它们见到了就游过来亲亲我的手指。我想，它们应该是饿了吧。我拿了点饲料放进鱼缸里，它们就好像几天没吃东西一样你争我抢起来。吃饱后它们纷纷把目光投向我，仿佛在说："小主人，谢谢你！"

我喜欢小金鱼，你呢？

可爱的小灰猫

叶济诚

要说我最喜欢的小动物，那就要数奶奶家的小灰猫了。

远远看去，它就像一团毛线球一样，圆滚滚的，两只炯炯有神的眼睛，不时地左顾右盼，一双耳朵异常灵敏，一有响动就兴奋极了。

小灰猫不仅样子可爱，而且时常能给我带来许多快乐。

一到乡下，我就跟它成为了形影不离的好朋友。它是一只非常粘人的小灰猫，我经常喜欢拿着一只小彩球，和它一起在田野跑来跑去。

小灰猫还是个捉老鼠的小能手。有一次奶奶家的柴火堆跑出一只老鼠，它看到了，以迅雷不及掩耳之势捉住了老鼠，那动作别提有多帅气了！

这只小灰猫给我增添了很多快乐，它就是我的开心果。

《思维导图之美丽的校园》教学设计

一、第一课时

（一）谈话导入

1. 谁能跟老师介绍一下你们的新学校？

2. 就让老师带大家一起写一写我们美丽的校园，然后介绍给他们听，好吗？

（二）介绍流程图

今天我们就学习思维导图之一的流程图，用这种方法写一下自己《美丽的校园》.

（三）总结以往的写景方法

1. 怎样才能写好写景的文章呢？你们老师教过你哪些方法？

2. 老师总结

按照游览的顺序写，采用移步换景法并用上适当的方位词。

注意段与段之间的衔接，用上合适的过渡语。

（四）画流程图

1. 介绍校园植物。

2. 接下来我们就一起画一下游览学校的流程图。

3. 教师示范，游览图应该从哪里开始啊？（门口）

想想站在银河小学门口你会看到什么？（出示图片）

4. 进了门口呢？咱们边走边画，好不好？

明确要求，四人一组，每组选一个同学画图，其他人汇报看到的内容，分好组，带上笔和纸向校门口出发！

5. 完善自己的流程图，上课的时候展示给老师们看。

二、第二课时

（一）修改流程图

把自己小组里最好的作品拿给老师看。

（二）写前指导

为了帮助大家更好的完成习作，写之前老师还要提醒大家几点：

1. 如何写好一个段？

（1）取舍　　（2）排列　　（3）写出特点

2. 如何做好段和段的衔接？

每个观察点之间用上恰当的过渡语。

3. 开头结尾还需要老师教吗？

开头可以概括写校园的特点。

结尾可以抒发自己对校园的情感。

（三）给你 25 分钟时间，开始写吧。

（四）评价作品

评价参考：1. 一段话有没有按一定顺序介绍。

2. 抓住景物的特点。

3. 段与段之前有没有过渡语。

学生作文

美丽的校园

黄梦涵

说起我们的校园，它不但美丽，它还具有一种不同凡响的气势呢！

一进门，映入眼帘的是一块大石头。大石头你们都见过，可你们见过刻着字的大石头吗？这块大石头上刻着四个耀眼的大字：日星日新。意思是"每天都是新的开始，每天都有新的明星"。大石头后面，有一片池塘，池塘里有荷花，荷花下小鱼正嬉戏，好不热闹！池边偶尔还会有小鸟喝水哩！假山的水从上面垂直下来，还真有一种"飞流直下三千尺，疑是银河落九天"的感觉呢。

看完池塘，径直往东走，你会看见一座"彩虹桥"。上面也有一句话：让每一颗星星都闪亮。"彩虹桥"的东侧是智星楼，你听，那是同学们琅琅的读书声，铿锵有力，整齐划一，听不出一点儿杂音，真是一颗颗团结的星星。

通过彩虹桥，迎面是银杏大道。两旁种了许多银杏树。一到秋天，叶子便飘落下来，犹如一只只金蝴蝶。有时，两棵桂花树也会散发出自己诱人的香味，使人陶醉在无尽的想象之中。

最具有特色的是"星星农场"。春天来临时，蔬菜们便探出细小的幼苗；夏季走近时，蔬菜们便迫不及待地脱下旧小的外套，换上了崭新的"T恤"；秋天终于来了，蔬菜们便争先恐后地跳进厨师的篮子里。冬天，它们抵挡不住凋零，只能默默接受北风的挑战。寒风中，只有腊梅在墙角坚强地开放，虽然不起眼，却给农场增添了一丝生机。

我们的校园犹如一位魔术师，可以变出各种各样的惊喜，让你流连忘返。我爱我的校园！

美丽的校园

娄悦

我们的校园是个美丽的地方，它坐落于杜鹃山脚下。

一走进校门口，首先映入眼帘的是一块巨大的大石头，像是从天而降的陨石，大石头上还刻着"日星日新"四个金光闪闪的大字，这四个大字寓意着"每天都有新的开始，每天都有新的明星"。它的四周围绕着许多五彩缤纷、含苞欲放的花朵，让人看了心旷神怡。

　　绕过花坛，你会看到一座弧形的拱桥，就像一道彩虹，"彩虹"把德星楼和智星楼紧紧地抱在一起。智星楼是我们最熟悉的教学楼之一，智星楼有四层，每一间教室既宽敞又明亮。透明的窗户，整齐的桌子，同学们把教室布置得漂亮极了！每天早晨都能听到同学们琅琅的读书声。

　　"彩虹桥"的旁边还有个小水池，水池中矗立着几座假山，源源不断的水从假山上流下来，形成了一个"瀑布"。看到这"瀑布"，让我不由地想起了诗人李白的一句诗："飞流直下三千尺，疑是银河落九天。"

　　走过小水池，便来到了星光大道，星光大道的两旁栽满了银杏树，它们站得笔直笔直的，像是列队的哨兵。当你走过时，它们洒下金黄的银杏叶，就像列队欢迎你的到来呢！

　　星光大道的西边是操场和篮球场。篮球场上有八个篮球架，操场有一个圆形的大跑道和一个踢足球的大草坪。课间，同学们在操场上尽情地玩耍，有的在跳绳，有的在打羽毛球，有的在做游戏……整个校园里充满了欢声笑语。

　　这就是我们美丽的校园，我爱我们的学校！

美丽的校园

陈弘耀

　　我在一个十分美丽的新学校里学习。它位于浙江省宁波市宁海县的杜鹃山和华山间，就像婴儿被大地妈妈怀抱着。如果你从远处看，它就像一座高档的别墅群，近看却是一树又大又漂亮的小学。

　　一走进学校大门，映入眼帘的是一个很大很大的花坛，花坛里种着五颜六色的鲜花，有红的黄的，还有紫的，美丽极了！花朵被绿叶衬得更加美丽了，还格外显得精神呢！花儿的正中间有一块几吨重的大石头，如同是一颗从天而降的陨石，上面刻着金光闪闪的四个大字："日星日新"，校长告诉我们这四个大字的意思是："日日有星，日日新。"因为太深奥了，所以我读了四年书，还是没搞懂意思。大石头的旁边还坐着三棵铁树兄弟和两棵雪松姐妹。在花坛的后面有一座小湖，小湖上有几座假山，假山一直在流水，真像一个迷你版的"飞流直下三千尺，疑是银河落九天。"湖里还有一些红色的金鱼，它们快活地在水里自由自在地游着；活像一群小精灵在水里嬉戏。

继续往里面走去，就能看到一座足有两层高的半圆形拱桥，这便是"彩虹桥"，彩虹桥把德星楼和智星楼紧紧地连在一起。走过神圣的"彩虹桥"，就是我们的星光大道了，中间种着两排银杏士兵。它们站得笔直，像列队的哨兵一样守卫着我们的学校。春天苍翠欲滴，夏天郁郁葱葱，秋天金黄一片，冬天银装素裹。银杏树的旁边还种了两颗桂花树，一年四季都飘着迷人的香味。

走过银杏大道，就到了司令台。司令台的旁边是乒乓球场、篮球场和足球场。每天早晨都能看到同学们矫健的身影，都能听到同学们欢乐的笑声。

篮球场的旁边是一个小型的公园。这里种着我们的校花：杜鹃花，粉红的花瓣，黄色的花蕊，美丽极了！里面还有一些健身器材，让同学们锻炼身体，增强免疫力。花园旁边是一个古色古香的休息长廊，是用油滕木做的，每天放学都能看到同学们在这里聊作业或者是在等家长来接。

学校的最东边那就是星星农场了，那里种满了蔬菜，有青菜，有大白菜，还有包菜等，就像一个植物生态园一样，种满了健康蔬菜。

好了，我介绍完了我的学校，你们喜欢吗？这里每天都有新奇的故事上演，每时每刻都有精彩的事情发生。

后　记

作文难，难煞教师，吓煞学生。30 余年一线教学的实践探索给我留下了许多宝贵的经验和独特的体验，在深化课程改革浪潮的冲击下更平添了深层的思考：如何让我们的教育教学行为更适合新时期学生和未来人才的需要？如何发挥合作学习的优势让高质量的深度学习真正发生？21 世纪的作文教学如何顺应时代发展和未来人才的需求，把教学重点从知识的传授与技能的培养转移到开发潜能、启迪心智上来？作为深化课程改革最直接的实施者，深知一线教师最需要的是什么，没有教师自身的历练与提升，再理想的教育也只能是空中楼阁。

在本书的编写过程中，笔者力求做到：

一、注重理论，注重实践操作

努力将自己的实践探索所得进行提炼、概括，并与操作实例结合进行说理介绍，摒弃不着边际的夸夸其谈，力求对广大一线教师有所启迪，有所帮助。

二、借鉴他人经验，体现自己特色

多向互动作文教学模式研究历经 20 年的晨风暮雨，本书正是这一过程的物化体现。传统的作文教学尽管存在弊端，但也不乏闪光之处，毕竟人类对教学的思考与认识过程有着诸多相通之处，前人在教学方法、教学过程的优化等方面均有建树。因此，秉持对传统的作文教学取其精华去其糟粕的态度，对他人的经验取其所长，补己之短，力求体现自己独特的个性。

当然，这只是本人的主观意图，实际上因个人学养、功底、精力及视野有限，加之成书时间仓促，难免存在不尽人意之处，希望广大一线同仁不吝赐教，也希望得到大家的谅解。

书中引用了学校老师和学生大量的原创材料，不能悉数注明，在此表示歉意和深深的感激。同时，光明日报出版社的编辑老师为本书的出版付出了艰辛的劳动，在此表示衷心的感谢。本书出版受到2018年宁海县教育局优秀学术研究资金资助，特此感谢！